北京工业大学陆学艺学术思想研究中心／编

Lu Xueyi
Academic
Lecture
Collections

『陆学艺学术讲座』

辑录 （二）

U0646878

社会科学文献出版社
SOCIAL SCIENCES ACADEMIC PRESS(CHINA)

序

陆学艺先生是我国著名社会学家，在人文社会科学界享有盛誉。自 2000 年来，陆学艺先生担任北京工业大学学术委员会委员、人文社会科学学院院长 14 年，为北京工业大学人文社会科学的繁荣以及人文社会科学学院的发展做出了重要贡献。

陆学艺先生生前一直关心北京工业大学人文社会科学的建设与发展，并以首席科学家身份积极推进北京市级"2011 计划"首都社会建设与社会管理协同创新中心的培育工作。该中心以北京工业大学人文社会科学学院社会学学科为重要依托而建设，于 2013 年中获批并运行。为了纪念陆学艺先生的杰出贡献并传扬他的学术精神和道德情操，人文社会科学学院及首都社会建设与社会管理协同创新中心建立了"陆学艺学术思想研究中心"，其主要任务就是对陆学艺先生生前领导进行的"三农"、社会分层和社会建设等重要领域研究所取得的成果进行汇总和整理，在此基础上对陆学艺先生的学术思想进行总结和传播，同时也为海内外人文社会科学领域专家学者的交流创造条件。为了更好实现这一初衷，人文社会科学学院及首都社会建设与社会管理协同创新中心联合向学校提出申请，开设"北京工业大学陆学艺学术讲座"（简称"陆学艺讲座"），作为全校人文社会科学共享的高层次学术交流平台。在学校的大力支持下，"陆学艺讲座"于2013年末正式设立。在此过程中，通过北京工业大学与中国社科院社会学研究所、陆学艺社会学发展基金会、中国社会学会及其他高等院校和科研机构的通力合作，"陆学艺讲座"也开始走出北京工业大学，出现在中国社会学学会学术年会在首都北京之外的承办城市和承办单位，更充分地发挥其作为人文社会科学学术交流平台的影响和作用。

自2014年10月21日起算，迄今已有28位学者在"陆学艺讲座"做了专题学术报告，征得演讲者同意，陆学艺学术思想研究中心与社科文献出版社合作推出讲座辑录。辑录以速记文本为基础形成，带有比较明显的口语化色彩，这也正是讲座辑录的特点所在。为避免意义的扭曲，中心和出版社仅对文本中明显的字词错误先后进行改正，最终文本的润色则由演讲者本人完成。第一辑共收入10篇演讲，于2017年5月出版，读者面前的是第二辑，共收入9篇演讲。未来，北京工业大学文法学部和陆学艺学术思想研究中心会将陆学艺先生的学术思想研究及人文社会科学领域的学术交流进一步推向前进。

在"陆学艺讲座"筹备和举办的过程中，学界许多同人给予了宝贵支持，他们是中国社科院荣誉学部委员景天魁研究员，陆学艺先生的长子、中国社科院农村发展研究所陆雷副研究员，北京市陆学艺社会学发展基金会高鸽秘书长，中国社科院社会学研究所所长陈光金研究员、社会政策研究室主任王春光研究员，社会科学文献出版社谢寿光社长等。在北京工业大学，2017年9月文法学部的成立为陆学艺先生的学术思想研究及人文社会科学领域的学术交流创造了新的条件，学部统筹组织社会科学学院、北京社会管理研究基地、首都社会建设与社会管理协同创新中心以及陆学艺学术思想研究中心等机构的力量来推进这项工作，许多教师积极参与其中，在联络专家、组织协调、宣传报道方面做了大量的工作，他们是钱伟量教授、李娟书记、鞠春彦博士、胡建国博士、李君甫博士、曹飞廉博士、李升博士、李晓婷博士、李阿琳博士、王静老师等；出版社的编辑校对人员也为辑录的面世付出了辛劳，他们的代表是佟英磊编辑；当然，令讲座延续、辑录面世的最重要力量无疑来自于欣然接受中心邀请在"陆学艺讲座"与听众分享其真知灼见的专家学者，没有他们的鼎力支持，讲座和辑录都将是无源之水、无本之木——详尽的名单和介绍载于辑录主体部分，此处就不一一列举了。毕竟，参与这项工作的热心人士众多，难以尽举，值《"陆学艺学术讲座"辑录（二）》付梓之际，我谨代表北京工业大学文法学部、北京社会管理研究基地、首都社会建设与社会管理协同创新中心地以及陆学艺学术思想研究中心向所有那些参与、支持这项薪火相传事业的同人表示衷心的感谢和诚挚的敬意！是以为序。

唐　军

北京工业大学文法学部　常务副主任

首都社会建设与社会管理协同创新中心　执行主任

2018 年 12 月

目　录

从美国经验看中国社会服务的发展趋势[*]

周镇忠[**]

主持人： 咱们开始吧，各位老师、各位同学，大家请坐好。今天刚好早上下点雨，现在也不太热，很舒服，大家坐在这里听一个非常好的讲座，应该是一件很难得的事情。那么关于这个学术讲座的背景稍微跟大家说两句，学术讲座背景也是陆学艺讲座当中的一个很重要的内容。陆学艺学术讲座是为了纪念我们非常敬重的、著名的陆学艺院长而开设的。这个讲座的一个特色就是高端、前沿，所以能进入到这个讲座的讲者，都是国内外非常有名望的，在社会学、社会工作、社会福利领域当中，非常有影响的学者。本学期，我们也陆续请到了相当多的、非常有名的讲者来和大家分享。在本学期最后一讲，我们特意请到了我们的周镇忠博士，他是美国伯克利大学的教授，也是伯克利大学中国研究中心的研究员，周教授一直都从事社会工作研究，尤其关注社区研究、贫困人群的研究，比

---

* 本讲为"陆学艺学术讲座"第十三讲，时间：2015 年 6 月 19 日，地址：北京工业大学人文楼 820。

** 周镇忠，美国加州大学伯克利分校社会福利学院，教授。

如说在美国的亚裔社区所做的福利改革，包括一些移民方面的研究，都是非常有影响的。周教授之前也到我们学校做过交流，这次他还是来到我们学校跟同学一起分享他在研究方面的一些心得，剩下的时间交给周教授，欢迎。

周镇忠：谢谢杨老师。很荣幸有这个机会又回到北京工业大学，刚刚那个王同学说他两年前听过我的演讲，上回我来跟大家分享的时候这边有哪几位同学听过？有没有？有一两位。所以我讲同样的笑话的时候，你们可以不用笑。

今天宋老师希望我跟大家探讨一下，为何中国过去二三十年来，在改革开放以后，在社会、经济方面取得很辉煌的一个成果。当然在这个过程里面，也产生很多社会问题。我们也相对地，针对这些问题，提出很多政策，我过去十几年来跟中国的学者交流的时候，有那么一种经验，觉得我们在社会政策上面，事实上，已经有相当程度的掌握，可是如果要实施政策，或者说具体落实、执行的话，中间还有一段过程，这个执行的过程需要通过社会服务来完善。在这个领域，相对地好像中国的社会工作者跟社会福利学者，还没有很系统地在这方面做研究。所以我就希望透过今天的讲座跟大家分享一下，美国在贯彻社会政策的时候，它们服务的输送出现什么样的一些问题，这些问题在中国，以我的了解，好像目前也存在，我们根据它们的经验，可以避免走冤枉路。

所以今天最主要的是跟大家分享几个方面，针对社会福利政策产生的背景、一些社会问题，我们做一个很快的、简单的介绍。你们对中国的社会问题当然比我更了解，我只是说作为一个背景方面的分析，大概是一个抛砖引玉的概念。针对不同社会的需求，我们在推动社会服务时面临的最主要的问题是社会工作者在这个过程里面，可以起到什么样的作用，扮演什么角色。再后来我会提出几点个人的建议，我们就可以进行讨论。两年前的同学如果你听过我的讲演的话，就会发现，我还是很希望做一个交流式的、互动式的讲座，当然商议式的是比较属于课堂的形式，今天宋老师希望我是以讲座的形式，中间如果同学有疑问的话，也可以举手发问，我完全没有这个限定，不一定要等到我讲完以后，我们来再做讨论，好吗？

大家都很了解，当然坐在这边的"90后"可能还不是很清楚、很清晰，中国的经济发展在过去几十年，最主要的指导思想可能就是发展才是硬道理。这个发展事实上是集中在经济的层面，我们大家也都非常了解，现在中国已经是全球第二大的GDP的消费国。然后看到GDP上面的增长，1980年以来，都几乎维持双位数，在人类历史上是从来没有过的。也可以看到，在过去二三十年，也一直领先着美国GDP的成长。当然在经济上的发展，最重要的、最主要的一个成果，可以说是在扶贫上面。如果说将每天1.25美元作为这个贫困的标准，这是在世界发展银行用的全世界的所谓的客观标准，当然所谓客观的标准事实上很主观，因为在美国1.25美元跟在亚非地区 1.25 美元的生活水准很不一样，但是用这个作为标准的话，事实上从 1981 年开始中国接近 85% 的人生活在贫穷标准下，到 2004 年的时候，已经降低到 27%，昨天晚上我在网上搜索了一下，最新 2014 年的估计是说现在只接近 7%，30 年里从 85% 减到 7%，这个当然在人类历史中没有发生过。最起码减少了超过 6.6 亿人。所以在扶贫跟经济发展这样的政策观的背景下，我们可以看到经济发展带来的生活的改善。可口可乐这个 LOGO，事实上也代表了以美国为主导的资本主义的一个思想。从这样的一个层面去看的时候，我们可以看到中国的基尼系数，大家也都了解基尼系数是一个指标，从 0 到 100，越高的话，就表示这个社会越不平等。你可以看到在中国过去三十年里，这个基尼系数一直在增加。也就是说，有不平等增长的这样的一个趋势。所以我们可以看到一个方面，在硬件上面的，城市上面的发展，都是很辉煌的。500 万的一部车子，随便在马路上可以看到很多。但是同样地，同时我们还是可以看到很多人继续生活在贫困当中，很多城乡之间的差异，很多小孩，他们上学的条件非常艰苦。1.25 美元对于很多人来讲，已经足够让他们解决温饱，但同时也可以看到很多人，1.25 美元对他们来讲，根本不是什么。

所以在经济发展上面得到辉煌的成就，但是在社会的层面、在精神的层面，好像越跑越落后。而我们在从事这个公共政策，或者说社会政策研究的时候，究竟从哪几个层面可以在某一个程度上解决这些困惑呢？过去三十年来主导的是经济的政策，包括在税收上面、货币上面，然后财政方面等等，重点是放在 GDP 的增长。我们同时也投入很多的财力、物力，在其他的公共政策上面，比如公共工程，比如环境，比如交通，这些相对地我们也开始注意了。可是，可能一直在过去十年，才开始比较看重这个社会的政策。社会的政策包括好几个方面，当然有教育或者说健康医疗、社会保险等等，在这三个主要的不同的公共政策领域里面，我们往往忽略了中间这一块，就是说社会福利的政策。也就是说，社会福利的政策是在经济政策、社会政策，跟其他的政策之间的一个交界的地方，往往受到忽略。怎么说呢？我们不是说经济发展了，教育自然就上去了，哪里还会有什么社会福利政策的问题？社会福利是针对除了贫困人口以外的弱势群体，他们有没有跟别的大部分的人一样，可以享受一些社会或者说公共提供给他们的福利。在社会层面上，我们可以看到，无论教育发展得多么成功，可是还是有一大批的人，住在城市里面，他们没有办法接受或者说享用教育改革带来的一些成果。

同样在健康医疗的层面也是，有些人可能是因为缺乏收入、可能是因为缺乏户口，可能是因为某一方面的缺失，可是社会里面就是有这样的一批人，需要我们提供社会福利的政策，可以让他们也享受到经济政策里面的一些成果，也可以享受到社会政策里面的一些基本的保障，也可以享用到一些公共的政策。所以我们大家实际上可以思考这样一个问题：社会福利政策究竟包括哪些层面？我们所关心的对象是谁？再去问一个比较根本的问题，我们关心他们最主要的原因在哪里？很快地可以跟大家分享一下。如果从社会福利的角度，不单只是从社会政策，不单只是从经济政策或者其他公共政策这个角度去看，从社会福利的角度去看的时候，在过去二三十年，我们有哪几个主要的地方产生问题，我们可以看到，简单的有下面五个方面：老年人、健康医疗卫生、社区精神健康、外来务工人员或者说统称农民工，还有主要的是儿童跟家庭。

针对老年人，我们可以看到有好几个方面。第一个人口迅速地老龄化，医疗健康的缺乏，还有很多的专家、学者、报纸、杂志也讲到空巢老人的问题，当然也有照顾老人的问题。我在网上搜索到一张图，我觉得很有趣，可以看到从1950年一直到2050年人口结构的改变。相信这个大家也都很清楚，在1950年早期的时候，人口的年龄分布基本上是比较平均的，改革开放早期也有很大一部分的劳动力，比如年轻人，他们大多在工作，他们在工作的时候，因为得到的生产力足够供养社会上的老年人，可是当社会越来越发展下去，到2010年，或者到2050年的时候，整个人口的结构已经倒过来。也就是说，年轻人实际上变成小部分，老年人反而变成大多数，这样的一个结构上面的改变，会在整个劳动力、经济发展上面、社会发展上面、社会需求上面都造成很大的压力。人口老龄化，我们可以看到，跟美国比较的时候，美国经过了100多年才进入这个所谓的老龄化人口阶段，而中国在很短的时间就已经进入。所以比如在2004年底，65岁以上的人口，只占总人口的7.6%，到2011年，已经占全国人数的 13.7%。如果我们还是把发展的重点放在 GDP 上面，那么人口老龄化可能就会造成很大的压力。造成这个压力有很多不同的层面，当然其中一个是我们要去思考的，作为社会福利、社会政策的学者，我前面提到，GDP 是不是唯一的评定一个国家发展的标准？如果不是的话，还有什么东西是可以去看一个国家的发展的？它的程度如何？除了 GDP 这样的指标以外，如果我们只是看 GDP 的话，人口老龄化对这样的一个追求经济发展的指标，肯定是会有所冲突的，所以在这样的命题之下我们要去思考。

除了人口老龄化以外，我们同时也看到很多所谓的空巢老人。很多的研究事实上也指出，虽然我们还是一直觉得中国的社会应该是三代同堂，或者说一般的社会价值观念是对老年人很尊重。但是大部分的研究，事实上都指出，在城市里边，甚至在很多乡村里面，过半的老人是自己居住，可能他的小孩住在附近，但他们并不是住在同一个屋檐下，所以从这个定义来看，基本上他们还是自己生活。另外很多的残疾老人可能是身体上面的或者说精神上面的，已经接近三千万人。所以照顾老年人的议题，变得很重要，在社会福利政策上面需要去思考。如果我们还是只将经济作为唯一的标准，也就是说，那我们建立一个稍微比较健全的保险制度，退休以后有钱就解决了。有钱不一定可以解决照顾老年人的问题。所以在整个医疗体系，如何建立医疗体系，如何达到一个平衡，在养老院，我们一直说床位不够，哪一类型的养老院，哪一类型的床位不够，大部分的老人，中美都是一样，他们都希望能够在他自己熟悉的环境里面养老。所以对于老年人照顾这样的一个问题，大家当然注意到上个月，5月会看到这个新闻，老年公寓发生大火，38位老人丧生，报纸、杂志上面突然有很多的评论，就在那几天我们可以看到。但是这个危机过后，这个事件过后，在老人的照顾政策上面，或者说服务上面在哪一个程度上可以得到改变，可以得到改善？

而对于大部分的弱势群体，我想我们还是可以回归到社区进行照顾。社区照顾本身这样的一个概念当然也就是落实到我们社会工作的学者，社会工作系、社会工作的学生。因为在目前中国的发展情况之下，我所看到的还是比较看重社区在经济发展方面的迷思，这是在行政主导方面的讨论。所谓经济发展什么意思？星光计划，盖一栋大楼，GDP上去了，每盖一栋大楼GDP都会上去一点，这个大楼里面有什么内容？有什么内涵？有什么活动？记得几年前去参观一个社区活动中心，在北方某一个城市，听说做得很成功，等于是一个样板，很多国家领导人也都去看过。我去参观的时候就给我们介绍，在这个社区活动中心里面有什么设施，其中一个是"星光计划"，房间里面有很多的桌子，这些桌子都很漂亮，我就跟他们一起去看，很不经意地经过的时候就看到其中一个桌子，你知道在中国很多社区活动中心，家具上面会铺一层塑料布，那是很普遍的，经过的时候我用手摸了一下，那一层灰大概比我的头皮还要厚，也就是说这个设施是摆放在那边，很漂亮，可是没有使用，硬件在，那软件呢？软体呢？所以光成立这样的一个中心，光从经济发展的角度去看，是不足够的。

另外一个层面，我们可以看到医疗卫生跟精神健康。目前把重点放在建立全民医保体系，还有社会保险，医保支付跟药品制度的建立，这个是很重要的，因为没有这样的政策的时候，我们事实上是谈不上进一步的医疗服务提供的。所以我觉得在这个方面，我们过去这几年的医保取得了很多的成果。昨天跟宋老师谈到系里面、院里面好几位老师主要是在做医保方面的研究，我觉得这个方面的成就，我们是不可以忽略的。但同样的问题也产生了，有了政策，有了这个硬体，然后呢？所以我们的社区服务卫生中心、社区医疗，到目前还是相对地比较落后，也比较缺乏医疗卫生服务的配套设施。因为我们整个医疗体系的重点，政策上、服务上，还是集中在大医院，我们看到在医院里面，有人排队排一个晚上，就是要挂一个专家号去看他的感冒。但是医院，从欧美的经验大家也都看到，事实上，相对效益成果是比较低的，尤其是针对那些预防性疾病的治疗。因为医院的设备、设施非常昂贵，所以在促进医疗健康上面，我们可以看到欧美的思路事实上越来越放在社区的层面，尤其是针对一些预防性的疾病。我在美国的时候，曾经参与一个有关糖尿病的服务计划，那个基本上是健康教育或者健康知识推广方面的服务，讲到很多糖尿病患者实际上他们根本不知道自己有糖尿病，等到了后期，已经很严重了，要不是他眼睛已经出现问题，或者说肾出现问题，或者心脏出现问题他们根本不知道自己原来有糖尿病，当然这个饮食习惯很重要。

我们在做这样的一个健康计划的时候，就请那些糖尿病患者来，跟他们讲，吃东西很重要，你能吃什么，不能吃什么。其中一个移民到美国已经很多年的患者说，你跟我讲这个没有用，不是我烧饭的，我媳妇烧饭，你应该跟我老婆讲。我们就好不容易请到他太太来，跟他太太讲糖尿病患者只能吃什么，不能吃什么，你应该煮什么东西，讲了半天，太太就讲，你跟我讲没有用，不是我买菜的，我也上班，是我婆婆买菜的，烧饭的话要跟我婆婆讲买什么菜，什么东西可以煮，什么东西不可以煮给他吃。我们又动员了半天，终于请到了婆婆，又跟婆婆讲半天，婆婆说，你跟我讲这些没有用，孙子明年要考大学，当然要吃得好，当然要烧肉给他吃。我们从这个例子可以看到，有了这样的一个政策，有了这些服务，但是你针对的对象，如果只是从个人这样的层面去从事规划服务的话，不一定有效。当从整个家庭这样的一个角度去看的时候，要抓预防效果，不只是一个个案。这个服务里面的对象究竟是谁？

有关服务对象究竟是谁这样的一个命题，尤其在精神健康方面，我们可以看得很明显。目前看到的文献是说，粗略地估计全国大概有1亿人患有不同程度的精神疾病。1亿接近于美国1/3的人口。然后大部分去寻求门诊帮助的人，都是被诊断患有忧郁症的人。所以也就是说，一方面，我们对忧郁症的了解可能还是很不普遍，认识不深。忧郁症跟我们传统对精神疾病的认识，好像也有相当程度上的冲突。我们的认知里面，好像只有被定义成精神分裂，具有危险的才是精神疾病。如果是忧郁症的话，我们往往不把它认知成精神疾病的一种，而是可以治疗、康复的。就是因为这个认知，同样地我们把资源都放在医院的设施上，而提供精神健康服务的专业人员都是精神科医生，或者现在开始有一些精神科的护士，相对严重地缺乏临床的心理学家还有临床的社会工作者。而以欧美的经验，尤其在美国，80%的心理治疗或者说有关心理治疗方面的服务提供者都是社会工作者，是受过专业训练的社会工作者。因为在美国临床心理学家一定要拿到博士学位，但是社工硕士在美国有两年的工作经验就可以提供心理治疗服务，所以大部分尤其是弱势群体，他们的心理卫生方面的服务提供者都是社会工作者。而我们如果把资源都集中放在医院里面，我们可以提供的服务的数量则是有限的。而相对地，我们不可避免地依赖药物治疗，药物对精神病患者可以起相当程度的作用，尤其是对病情的控制，但药物本身没有办法帮助精神病患者成功融入社会。因为他可能在与人的交往方面有困难，在认知上面，对适应社会可能会有障碍，这些需要社会工作者去提供服务。

我们看到最主要的一个挑战可能是大部分超过90%的具有心理或精神障碍的病人，从来没有去寻求帮助。这是在全国好几个不同的研究得出来的共同结论。刚开始的时候是地区性的，比如在上海他们做的一个比较大的流行病学方面的研究，后来在几个不同的地区，最新的那些文献是全国性的抽样，也发现大部分患者都没有去寻求帮助。而且甚至有 1/3 的已经被诊断为有精神障碍、精神分裂，就是传统的有精神病的人，有 1/3 没有寻求帮助。而有一些已经寻求帮助的，他们去寻求非精神健康专业人员的帮助，可能去看社区医生，可是他们没有受过精神病学方面的训练，可能会去找老师，会找护士。我们在报纸、杂志上面也可以看到，一些 NGO 他们特别关怀这些精神病人。有一个摄影家，找到一名精神病患者，他长期没有寻求帮助，也不知道该去哪里接受帮助，他每天被一条链条锁在家里面。照顾他的是年纪已经很大的母亲，她可以帮他做的，事实上就是带饭给他吃，帮他洗澡，帮他理头发。所以精神病患者是另外一个很主要的服务项目。

外来工，大家可能在这个议题上比我更清楚。现在人数大概已经达到 2.5 亿。我们在每一个层面，都可以看到外来务工人员，他们已经是我们生活中的一部分，但是对于他们的权益、对于他们的服务，有什么服务可以提供给他们？我们的认知中，我们对他们的关怀，社会大众对他们的关怀，好像还没有比我们需要他们为我们盖房子，做一些一般人不愿意做的工作多一些。而在某一个方面就变成被社会排斥的一个现象，包括他们的小孩子的基本教育。在农民工这个议题上面，我们也会发现有大部分的留守老人，而引申到整个儿童跟家庭，在一个小孩的政策之下，我们可以看到，也有男女比例的不平均，另外一个，我们刚刚前面讲到了，会减少基本的劳动力，那个影响当然在经济上、社会上都是很深远的。

自杀问题，以我所了解到的，目前我们还没有全国的、系统的对自杀率，究竟自杀率有多高这样的一个综合性的研究。不同的研究估计，每年可能有接近30万人自杀，发生率是22/100000，女男比例是3∶1，如果这个估计是正确的话，我国妇女自杀率恐怕是全球最高的。

留守儿童，过去这两个礼拜，报纸、杂志上面当然也看到很多报道，现在大概有6000万人，可以看到很多父母亲因为到了城市打工，反而是祖父母去参加他们小孩子的家长会。

另外有很多留守儿童变成流浪儿童的现象。也是初步的估计可能有70万孤儿，1万到10万是流落街头，贵州5年前，几名堂兄弟小孩子跑到垃圾桶里面取暖，后来一氧化碳中毒死亡，这个个案大家都还记得吗？我们有什么办法去解决呢？悲剧一直不断在发生，2015年6月9日我们看到另外四个留守儿童服用农药后死亡。后来看到一些断断续续的报道，包括人民网官方的报道，说他们家其实并不贫困，这个房子值20万元，家里面的仓库还有很多的食物，回到我们前面刚开始跟大家分享的，钱当然很重要，但是金钱不是唯一的对贫困、贫乏的一个定义。他们这四个小孩子如果真的像报道的那样，在金钱方面他们不算是贫困户，他们家里还有很多粮食，究竟他们自杀的原因在哪？有一些报道说，是因为老大被父亲虐待，所谓的虐待是被打，同样现在在中国，我们没有系统地对虐待儿童做一个定义。身体上面、心理上面的，有初步的一些估计说可能是将近10%，这是符合比较严格的身体方面虐待的定义。普通被打一下，那种应该不算，中国人毕竟还是相信棒下出孝子。但是符合这个比较严格的，由于身体虐待造成的长期伤害，只是其中的小部分，如果用精神上的定义，或者说忽略，那么大部分的留守儿童可能在某种程度上都符合被忽略、忽视这样的一个定义。

当然还有这些失踪的儿童，大概都看了电影《亲爱的》，我们可以看到，针对这样的一些议题，事实上我们整个法律上面的、政策上面的规定，也慢慢地越来越完备，越来越完善，有很多的法令、很多的规定、很多的政策已经出台。但是从政策到执行然后到实施这样的一个过程，谁可以主导？可以做出这样的研究贡献的，就是我们社会工作者、社会工作系、从事社会工作的专家、学者。我们应该尽量把科研跟实务结合起来，提升到研究的一个层面，现在好像把研究跟实务分家一样，就好像医药更应该分家一样，它不一定。

美国的经验事实上是，高校的研究很多是在政策层面，执行层面的话，就是专业的社会工作学院在从事这方面的一些研究。所以我们刚才提出的那么多的疑问，针对这样的一些社会问题，光一个政策说你每年要跟老家的父母联络两次、三次，有了政策以后，不见得可以达到服务上的效果，老人不只是你一年跟他打几通电话，政策有了，但服务呢？举办什么具体的活动呢？它们的效果如何呢？譬如现在有了提供营养午餐这样一个很好的政策，在执行的过程里面，为什么会出现那么多的问题呢？所以我们就要去思考提供服务的内容，不单是说政府购买服务，给你 10 万元、给你 100 万元，广州是 200 万元一个街道、一个综合家庭服务中心，你要服务五类的人群，政策下来了，很清楚的。但是服务什么？提供什么样的服务？服务的内容是什么？做什么？什么时候做？该怎么做？这个没有一个手册。我并不是说要硬性地规定你一定要做什么什么，而是说这个服务的内涵最起码在这个政策上面，出台的时候，对这个细节是需要做一个定义的。然后还有服务提供者他们的角色是什么？他们的责任是什么？这几年在美国有一个新的趋势，我们叫 implementation science，implementation 可以是执行，可以是操作，science 本身是一个学科吧，但是觉得"执行操作学科"这个翻译不是很好。但是与美国比较，这几年运用 implementation science 比较多的是在医疗健康的体系里面，这是他们的一个定义，是落实科学研究的方法，所以很强调研究，这也是高校扮演的一个很主要的角色。你做这个研究以后，你有了证据，什么服务有效，多少次服务有效，纳入医疗保健政策，我们可以看到，很有趣，从这个角度去看，并不是先有政策或者凭空想出一个政策来，然后你们才去执行，而实际上政策初期只是一个基本的概念，然后透过研究，透过不同的试点、示范点，整理出经验，然后再来把它运用在政策跟实践的推动上面。所以简单来讲，或者这就印证了我们说的，摸着石头过河。

可是在社会政策上面，我们很多时候，最起码我所看到的一些文献，反而是一个抽象的政策出台，但是具体怎么落实就不明确了。所以我们可以看到，最起码现在面临的有哪几个问题呢？一般是缺乏比较明确的操作流程、执行的细则跟机制。我前面讲的，究竟要做什么，究竟要怎么做。我们经常说，在社区里面居家老人的送餐服务，很简单就是说送餐服务，但是送什么？怎么送？卫生标准、营养标准是什么？两菜一汤还是三菜一汤？如何平衡他们营养的含量？餐具的消毒程度如何？食物的来源是什么？在美国的话，这些都是很清楚的，都有这些规定。我们也可以看到另外一个问题，很多并不是以证据作为基础的，证据作为基础就是说，我们有没有研究可以提供这个支持，然后说这个服务是有效的，通过送餐服务，我们究竟希望解决什么，解决温饱还是说透过送餐服务，空巢老人有这样的一个机会可以跟社工人员或者送餐的人有交流，让他在心灵上面、心理上面有一个支持。送食物跟心理支持是两个不同层面的东西，不要混为一谈。但如果我们可以把这两个放在一起的话，我们就要清楚地给它做一个定义，包括需要聘请什么工作人员，如果只是送餐服务的话，你不需要一个"MSW"去送，不一定需要一个本科生去送，但是当你把这个心理知识的层面加进去的时候，服务提供者的角色跟你的责任就不一样了。

另外我们可以看到很多是忽略了具体的情况跟需求，怎么说呢，政策很多时候是一刀切的。美国的社会福利改革，比如实际上不管你以前有没有工作经验，一般在三个月之内必须要去找 15 份工作，平均一个月一定要去证明曾经找过工作，可以在网上申请工作，可以打电话，而且一定要有记录。可是不同的人，有工作经验的人跟没有工作经验的人，有这样技能的人跟没有这个技能人是不一样的，他们找工作的机会、找工作的经验，他有没有语言的能力也不一样，有没有英语这个能力也不一样。一刀切的结果是，他们把所有的人都看成一样，当然看你接受服务的比例有多高，如果大部分完全是缺乏工作经验的，那么他们找工作的机会当然就少了，他们找工作的机会相对少的话，不表示这个服务没有效，只是因为我们提供的服务没有符合他们的需求，所以一刀切是一个很重要的问题。

我们也越来越看到碎片化，头痛医头，脚痛医脚，当然这个笑话我可能两年前已经讲过。一个人去打猎，不小心被另外一个人射了弓箭到手里面，赶快跑到医院去看急诊，然后医生来了，就用剪刀一剪，把伤口包起来，病人说，医生这个弓箭的头还在里面。他说对不起，我是外科，只负责外面，里面是内科的事情。你们听过这个笑话？没有，这是很经典的一个碎片化的笑话。所以就是说，所谓的专门化结果就变成碎片化。搞健康的人，医治他糖尿病的人不知道他的心理需要，可能是因为家里有矛盾，所以他拼命吃东西，大部分吸烟的人，或者说用药、酗酒的人，事实上并不一定是他们生理上面有这样的一个需要，可能是心理上面的问题。所以你如果解决他生理方面的，没有处理他心理上面的，服务也不会有效。在现在的中国我们看到这个碎片化，很多的社会工作的系，他们的课程，在某一个程度都是按照美国的课程安排的，美国的课程安排我们对它最大的批评就是碎片化。现在反而我们看到，在东南亚很多国家也走那样的一个方向，我觉得是很可惜的一件事情。

另外一个是泛管理主义，所谓的泛管理主义指的是只从一个管理的角度去看，而没有看到在这个管理的过程里面，我们所产生的问题，变成缩小了弹性的空间。比如我刚才讲的，美国福利改革，我个人参与得比较多，如果是泛管理主义的话，你一定要在三个月之内找15份工作，如果只找了12份工作呢，该怎么办呢？如果是因为他有小孩子，没有办法托管，所以他就没有办法出去找工作呢？如果泛管理主义只看你没有达标的话，相对地很多时候就会失去这个弹性的空间。

还有公共的参与就是说服务的接受者，事实上最应该了解他们的需求是什么。聆听他们的声音，先听他们有什么需要，所以看到近年来美国社会服务发展的好几个趋势，也是我这几年主要的一个研究方向：一个是合作伙伴的关系，合作伙伴是资源整合，资源整合包括跨部门的合作跟跨学科的合作，资源整合并不是说，我付10万，你付10万得了，并不是说只有这样的一个资源上面的整合，而是说不同的部门可能有它特别的优势，如果我们解决留守儿童问题，为什么不可以考虑从学校入手。现在悲剧发生了，我们就说，这个应该是民政的事情，这个应该是儿童福利院的事情，这个应该是公安的问题。大家找人负责，但是在悲剧发生以前，我们可不可以看看，公安部门它有什么资源，它们可以了解哪些小孩子现在不到学校去了，或者说不去上课了，所以我们跟学校合作、跟老师合作、跟 NGO 合作，或跟高校的老师合作提供这个服务。不单是一个部门自己做自己的事情，大家都关心这个留守儿童的问题，留守儿童牵涉教育、健康、医疗、居住、民政各个层面。跨部门合作、跨学科合作，我们一般是搞社会科学的人，就只有搞我们社会科学的东西，事实上很多，尤其是城镇化过程里面很多可能是跟工程、跟建筑、跟交通都有关。

我另外有一个项目在我的家乡顺德，我们准备处理的，就是在城镇化过程里面搞一个新的发展社区，在这个发展社区，我们希望可以做到跨部门、跨学科的一个合作。它原来只是一个房屋政策，完全只从盖房子的角度去看，现在我们希望把这个人文跟社会科学加进去，也把学校、医疗各个不同的体系加进去，这是一个平等的合作关系，并不是一个单一的、从上而下的决策指令，是共同的决策过程。

另外一个主要的趋势是说，以服务对象为中心。什么叫以服务对象为中心，就是参与式的方法。比如我刚刚前面讲到，只有接受服务的人才可能更了解他们自己的需要。作为一个社会工作者，我们跟别的科系、别的专业人员不同的地方，是我们跟接受我们服务的人有接触。我们可以更清楚地听，让他们表达他们的声音。另外一个，除了听他们的声音以外，我们也要有数据的支持。因为国家的政策，或者说很多政策事实上还是以数据作为根据的。所以需要提供这样服务的人，多少人可以成功地上学，然后多少人在同样的情况之下，没有接受这样的服务，没有继续上学，所以如果一个研究是这样，两个研究、三个研究、十个研究，全国各个不同的地方，都有类似的这样的一个经验的时候，我们就可以看到，有证据作为基础。并不是说说就行了，而事实上让证据说话。以美国为例，我前面已经提到有好几个不同的方面，现在越来越多的是由地区或者地方来养老，重点放在建立他们的支持网络。因为现在我们阻止不了这种经济发展的趋势，所以无论怎么样，老人家三代同堂，或者说跟小孩住在一起的机会只会越来越少，而他们彼此之间，能不能组成一个他们自己的支持网络跟他们自己的社区。这个社区并不是行政区域的概念，是他们心理上面的社区、支持网络。儿童福利也是，刚开始的时候也是，把孩子放在儿童院里面，现在越来越多的是强调家庭的团聚，包括领养的服务、寄养的服务，在寄养的过程里面，重新建立他们对人的信任。因为小孩无论是寄养也好，领养也好，他都还是要念书的，所以我们更多地跟学校合作。在美国有一些寄养家庭的小孩子，一年可能要转学七八次，一个学年里面只有十个月上学，要转八个学校，所以根本不可能在学校里面学习到东西，或者建立正常的人际关系、同辈关系，我们现在就想，可以让不同部门合作，就算他们不居住在同一个校区，可以让他留在原校区，等到明年再转学，而并不是在中途，三周以后、五周以后把他转到另外一个学校。因为在美国上哪一所中小学还是由居住的社区来决定的。

医疗健康服务，越来越多的以社区为主，提供预防、健康教育。医院主要处理大问题，所谓大问题应该是说比较紧急的或者说做手术，别的预防性的问题，把它在社区的层面解决。而事实上，大部分跑到大医院去看病的，恐怕都是可以预防的问题。所以说一早就开始有健康的锻炼，有适当活动，吃的东西有营养，就可以减少发生心脏病或糖尿病的机会。另外在精神健康方面也越来越强调精神健康的服务，因为透过现在的药物，可以控制病情，但是病人如何进一步融入社区里面，可以参与正常的工作，或者说当义工，组织他们自己的自助的团体？目前这几年的反思，等于说是针对高度专业化的一个反思，回归到社区的层面，以服务对象为中心，服务提供者跟接受服务的人，彼此之间是一个合作伙伴的关系，而并不是上下的权威关系。

所以这个核心问题是说服务操作由谁来执行？回到我前面讲的，社会工作者可以扮演这样的一个最理想的角色。在中国，对社会工作者的呼唤，我们可以看到从汶川地震，到现在的很流行的企业社会工作，还有社会工作的教育。汶川地震大家比我清楚，所以我不需要多讲了。事实上政府、国家对社会工作的支持，主要是在汶川地震之后开始的。政府认识到，原来社工可以起很重要的作用。当然随着社会工作的发展，富士康的自杀事件后，在深圳龙华，全世界最大的工厂，有 45 万的工人，可以想象，在这样的情况之下，人与人之间的疏离感有多强，而这个疏离感的反弹如果大家是念社会学的话，也都很了解，这个疏离感所造成的正面的、负面的影响。负面上的，当然一个是自杀，另一个可能就是动荡；正面的是对社会工作人才培养的重视。现在民政部全国 2014 年的数据显示，104 所高校，包括研究机构，有社会工作专业硕士课程，接近 310 个高校设有社会工作专业，10 年前我刚开始跟中国高校的学者交流的时候，那个时候才只有 100 多所。现在每年社工毕业生接近 3 万人。全国已经有两万多个社区服务中心，所以在硬体上面的建设已经很不错，我在天津参观一个街道的社区服务中心，非常现代化。所以我们社会工作者能够做什么，我们可以做什么，我们最重要的是去了解服务对象的处境，提供支持给他们。所以我们跟服务的对象共同去面对、处理问题，然后寻求处理问题时所需要的各方面的资源。我们是资源的提供者、促进者，还有落实计划里面的各种行动。所以我们就要知道接受服务的人他们需要改变什么，如果需要改变的话，用什么方法来产生这些改变，结束服务后有没有改变，改变了多少，改变对他来讲的意义是什么。我们可以看到不同的层面，所以我们要了解服务的目标是什么，我们是想改变他们的行为吗？他以前有没有跟人家打架，有没有吸烟，有没有不安全的性行为，所以我们究竟是能改变他的行为还是改变他的感觉。以前对农民工都有负面的一些看法，瞧不起他们，现在不会，还是改变他们的能力，以前不会做这个工作，现在通过这样的服务以后，他们可以胜任这样的工作。还是改变他们的态度、想法、看法，我们要知道我们究竟想做什么，如果我们自己都不知道我们想做什么，如何去要求接受我们服务的人有所改变呢？而我们去做的时候，在输送服务时，最主要的是建立这样的一个伙伴关系，也就是建立社区、政府跟民营 NGO 的关系。

政府是一个资源的提供者，政府没有办法做所有的事情，政府要去处理太多的事情，有北海问题、南海问题、东海问题、西海问题，西部没有海，不过有大西北问题，要去处理太多的问题。而且资源问题的处理最终还是落实在社区里面，但是最好的、最佳的、最理想的事实上是提供一个健全的环境和空间给 NGO 发展。所以我们要重新去检视这个所谓的教育涓滴的方法，什么意思呢？也就是说我们刚开始的时候，先在很多的高校成立了社会工作系，但是教学、科研跟实务却没有结合在一起，虽然有 300 多所学校，但我们究竟在哪一个层面上去推动所建立的社会工作却不明确，就是我们刚才讲的，如果国家从高校教育开始培养社会工作人才的话，究竟想达到什么效果，如果我们在政策上面都还不清楚，还不知道社会工作在中国现在这样的一个发展历史阶段，可以扮演什么角色，可以做什么的话，我们如何要求在念社会工作专业的人，去做社会工作的时候，知道他们的使命是在哪里。

在推动实务工作方面我们要有针对性的培训，操作工作指南、手册，还有一些对非管理人员实务的督导。我看到很多的督导课程好像都是针对管理人员的，他们很多没有做过社会工作，然后完成了这个本土督导课程，有了这样的一个证书，他说可以当督导，我就问他，你督导什么，你带过小组吗？没有。你接过实际个案吗？没几个。所以我们要去思考，要去处理机构管理和实务督导的差异。另外一个方法是说，高校的老师可以扮演很重要的角色，比如北京工业大学的老师可以整理一些实用的工具跟资源，建立一个资料库，提供技术上面的支持，虽然我们不一定有前线的工作经验，但是我们有丰富的研究经验，我们可以透过跟实务工作者的合作来建立技术层面上的支持。高校的老师也可以建立一个电子的图书库，我们看到很多中国社会工作的网站上是争论性、评论性的文章多，评论性的文章都是比较抽象的。如果问该做什么、要怎么做的时候，最起码我没有发现在网上有这样的一个资源平台，我觉得比较可惜，而且这个正是高校老师可以做的，并且把他们的研究成果，进一步地，让大众可以用，并不只是写一个50万字的报告，放在某一个办公室的角落里面。

我们也要明确地定义社会工作者所扮演的角色。我们要知道，社会工作是唯一的一个专业，是以服务贫困、穷人跟弱势群体为主要使命的，我们是唯一的。律师，当然还有很多律师，为弱势群体发声，大部分的律师可能都是为金融界服务，起码在美国是。医生，偶尔看到几个医生到贫困的地区行医，大部分的医生在美国开自己的诊所，护士也是，心理学也一样。既然你们选择社会工作，不要忘记这是我们的使命，如果从这个角度出发，当我们去看这些经济政策，当我们去看这些社会政策，去看别的政策的时候，我们就有一个不同的视角，我们就可以去问不同的问题，这些不同的问题、不同的视角推动了我们社会的进一步的健康发展。我两年前应该讲过伯克利分校，所以我不详细讲，只不过我们把自己定位为社会福利学院。跟大部分社会工作学院不一样，我们强调我刚刚前面讲的政策、实务相结合，所以我们叫社会福利学院，我们成立于1939年，目前学术成果，productivity，全美第一。虽然我们只有16个专任的老师，本科生有260人左右，硕士生两个年级加起来190人，博士生差不多有40多位，但我们伯克利的使命是改善弱势的个人、家庭和社区的生活。所以弱势是我们最主要的关怀对象，一些学生申请我们学校，表示希望成为一名很成功的临床社会工作者，那我们就建议说你到别的学校去，请你不要到伯克利来。大部分伯克利的学生，都是家里第一代念大学的，也就是说父母辈都没有机会上大学。

我前几年在广西看到江老师，江校长，他在民政部退下来以后，成立了一个NGO，是教失明人士画国画，他好像也上过春晚，我们就很深入地讨论，政府所扮演的角色是什么，社会工作者可以做什么。他把自己定位成一个社会工作者，看到他那些学生非常感动。其中一个重要的理念，我们社会工作者一天到晚说，助人自助，自助可能只是第一步，自助之余，我们就要做到互助。中国在这个高度的经济发展的过程里面，比较缺乏的是互助的精神，这个可能是因为我在海外看到比较多的对中国负面的一些评论，才得到这样的印象。可能事实上大部分，尤其是现在年轻的一辈，我是觉得非常感动，尤其跟我交流的大概都是跟社会工作有关的。在广西我碰到另外一个"90后"的小朋友，他做IT，已经做得非常成功，然后他说，他过去两年来，只穿三套衣服，每天回到家洗了，晾干，第二天换另外一套，他出去吃饭的时候带环保筷子，当然他自己也有环保杯。他说他可能没有办法影响到大政策，一个大企业，在他们广西那条河流边，盖一个工厂造成环境污染，但是最起码他在生活上，可以影响到他周边的朋友。刚开始的时候，他一个人带环保筷子出去都被人家取笑，有一些就比较刻薄地讽刺他，然后他说现在他周边的几乎每一个朋友，吃饭都自发地带着环保筷子，或者这就是我们社会工作者的使命，很多时候我们从个人开始，但是也着眼于整个社会的结构、政策的改变，但政策上面的改变也需要从我做起，我们可以扮演这样一个桥梁的角色。

很简单地跟大家分享我过去对中国社会的一些观察，社会福利跟社会服务发展的一些个人的看法和经验。谢谢大家！不晓得有什么问题。

交流环节

老师甲：周老师您好，我是人文学院的老师。我原来教社会学，但是我原来学过社职工也在您的部门干过很多年。我有几个问题问一下。我就根据您的这些 PPT 有些想法想请教一下，您对中国的医疗体系有一个评价，我自己感觉，中国的医疗体系比美国好，因为我在美国看过几次病，然后我自己体验，也访问了一些华人，他们有时候直接到中国来体验，就是抽空，您对这个问题有什么看法？第二个问题就是说，您讲到社工介入健康服务这一块，您讲到护理、短期的干预、长期的教育这些问题，我想问您的一个问题是：因为健康是比较专业的问题，那我们的社工，因为只学了一套方法，和那种专业的医疗知识还是有距离，那怎么能够有权威让人信任你呢？在中国我知道，比如在社区做服务一般都是我请的医生来讲医疗保健的知识，很少有社工进入这个领域，而且我对这个领域特别感兴趣，所以我就想，您作为一个社工，介入健康教育这一块，您觉得怎么样才能够取得他们的信任呢？还有一个问题就是关于企业社工的，因为我们下一步要建 MSW，在这块，我们有一个方向是做企业社工，但对这个问题，就从我个人讲，我是特别迷茫的，我不知道该怎么做，为什么这样想呢？因为中国企业这一块，可能弱势群体就是农民工，刚才您谈到富士康，但是富士康那种军事化的管理，我们社会工作者是不可能进入的，这是一个很大的障碍，另外就是那种小作坊式的工厂，这块社工也很少能够进入去开展服务。在北京这个地方，因为北京是大的国企、外企这种高层次的企业比较多，在这样一种情况下，如果要发展社工，那我们的使命是什么？如果在北京这个地方，您觉得企业社工的前景是什么？它的介入点是什么？这是我的一些问题。谢谢！

周镇忠： 好，对三个问题的回应。第一个，对，美国的医疗体系如果你没有保险的话，真的是很糟糕，这个是可以确定的。就算有保险的话，事实上也很糟糕。因为有很多不同的规定，这些规定是根据你的医疗保险来设定的。美国的整个医疗体系，在很大程度上被控制在保险公司手里。在我刚到美国的时候，那时候还没有发现这样的情况，事实上几乎所有的医疗保险都是跟着你的工作单位走的，所以你购买医疗保险的话，你的雇主提供部分补贴，然后你自己付一部分，你有不同的计划可以选择，每个不同的计划就按照你可以去看医生的弹性空间来分类，自付费越多的计划，你可以去看不同的医生的弹性空间就越大。如果不是的话，你只能去看那些在这个保险公司的网络里面的医生。有的时候这些医生，你的选择可能很少。如果你没有医疗保险的话，根本看不起病，但同时很有趣的一个现象就是说，如果你有生命危险的话，比如车祸或者说突发心脏病，就算没有医疗保险，急诊室也不能拒绝给你治疗。我刚才前面讲到的非法移民，非法移民他平常去看医生，一定是自费，如果你不自费的话，私人诊所当然可以拒绝，不让你去看病，因为看病第一步就是要填很多的表格，然后确定他给你的账单有人来付账。但是急诊除外，所以你进去的话，如果突发心脏病，他知道你没有保险，他一定要先把你的病情稳定下来，稳定下来了，知道你没有保险，付不起这个账单，然后他再想办法看，要不然就是让你住两天医院以后，鼓励你赶快离开，要不然转到别的地方去。但是他不能不给你医治，所以整个医疗体系建立在保险的制度上，保险制度又跟你的工作有关，奥巴马的医疗改革事实上是希望能做到全民医保。为什么在美国那么多年来，都没有办法做得成功，有好几个不同的原因，其中一个主要原因是他们在意识形态上面，很多人觉得这个不是政府的工作，这是个人的选择，买不买保险是你家的事情，这个是很有趣的现象，不觉得医疗是一个基本的权利，而是一个个人的选择。

另外一个是因为保险跟就业连在一起，虽然美国是世界最发达的民主国家之一，但是很多时候的政策，事实上是受到大财团的影响，医疗体系的财团是很重要的一个。当医疗跟工作就业两件事情捆绑在一起时，就变成了：如果我以前生过病，比如以前有癌症，我现在康复了，在奥巴马的医疗改革以前，我不敢转工作，如果我转工作的话，新雇主的保险公司就不会愿意让我购买医疗保险，因为风险一定会很大，所以在这个程度上面，事实上是减少了人们转工作、找工作的诱因。这个跟整个保险制度捆绑在一起，因此保险公司为了盈利，当然不愿意把它完全开放出来，如果政府有自己的保险体系，保险公司就没有办法跟它竞争，毕竟政府还是最大的资源拥有者。所以整个医疗体系上面，保险这一块的话，我觉得美国落后，事实上是很落后，但是它先进的地方在于只要你有了保险，然后保险公司跟医院本身，医院也跟科研联结在一起，它们比较有这个诱因去投入，然后去发展新的技术或者仪器，提供一些新的商业机会给他们。所以在科研、保险业跟医疗体系上，彼此之间是一个很微妙的互动关系，如果只是你看病这样的一个经验的话，是没有错，比如同样的一栋大楼，我知道3楼的专科医生是这方面的权威，我可能没有办法去3楼看病，因为在我的保险体系里面，我只可以看2楼的医生，所以是这样，而且有很多不同的规定，那些规定有的时候是很莫名其妙的。

第二个问题是健康服务。在美国的社会工作学院里面，大部分都设有专业科目课程。专业科目里面，比如伯克利就有五个专业科目：一个是医疗，一个是精神卫生，一个是儿童福利，一个是老人，另外一个是机构管理。所以在医疗这个里面的话，我们所有的学生都要学习专门的有关医疗体系政策的课、医院管理的课，然后在医院里面实习，学习社会工作可以扮演的角色，以及服务内容的课，所以两年下来，我们可以很系统地去培养他们如何在医疗体系底下，从事社会工作的服务。到了医院里面，是没有错，因为在医院，医生还是最权威的，所以他决定一切，接下来是专科护士，然后是社工，但是我们可以很清晰地去定位医疗社会工作者所扮演的角色，包括医生本身没有办法解决的问题。就像我刚刚前面讲的，你给他一颗药，吃那个降低血糖，或者说治疗糖尿病，但你改变不了他的生活习惯。社工可以帮助你，帮助那个医生，我们现在不只是帮助病人，还帮助医生，让医生的病人可以改善他的健康状况。所以有好几个层面，因为大部分的医疗情况都是跟家庭互动，早期的美国医疗社会工作者是扮演低保、劳工保险这样的角色。到后来是直接参与在医疗的团队里面，针对病人，他们需要什么样的康复计划，帮助这个病人疏导他跟家庭之间的关系，所以这个定位跟角色的扮演是很清晰的。现在无论这个医生有多权威，他在做诊治报告的时候，社会工作者的代表有他发言的时间，可是以前社会工作者是没有机会发言的，现在他有机会，不但有机会发言，而且他会让他们知道，你这个治疗会不会成功，事实上在很大程度上面关系到，我们社会工作能够对这个病人有多大的帮助。当我们没有办法解决这个问题的时候，你无论有多先进的医疗设施，你的刀开得有多精确，你的病人都可能没有办法康复。

所以另外一个层面，我们把服务拓展到康复，就是说，你看医院里头的计划，出院计划跟出院以后的跟踪，那个都是社会工作者在做。现在也开始让他们真的了解到，原来社会工作者可以扮演这样的一个润滑剂的角色。这个润滑剂的角色并不只是你这个权威医生可以做得到，所以从这样的一个切入点出发，但在知识上面，我们是有系统地培养，所以他们可以跟医生同样有权威，讲美国的医疗福利政策、美国的医疗改革、美国的医药管理。因为我们已经有一系列的、特别的、专门的课程，所以那些专门的课程每一个专科学的都不一样，基础课程是一样的，但是专门的课程是不一样的。所以同样的可能念到药物管理，医疗方面的跟精神卫生方面的可能就不一样，精神卫生的可能比较看重精神，有关精神病的药物方面，他们的知识跟别的糖尿病的知识可能会有所不同，所以经过这两年的专业的训练，学生在伯克利毕业以后，可以到全美国任何一个医院，他一进去申请那个工作，面试的时候，医生问他们有关这些医疗方面的问题，他们可以很有信心地表现出来，因为他们已经掌握跟拥有这方面的基本的知识。

企业社会工作当然是比较复杂的，美国早期的企业社会工作，事实上扮演一个很重要的跟劳工运动结合在一起的角色。所以早期的企业社会工作重心是在追求工人权益上面，比如说他们的基本的工时工资保障。现在发展成这些大的跨国企业，提供员工福利这样的一个形式，就是说你在企业里面上班，注重精神的健康，或者举办各种兴趣班，让他们身心放松，现在反而是越来越多地提供这方面的服务。另外是跟人事部门结合在一起，因为人事部门要进一步对员工做评估，或者了解员工的潜力，有没有继续留下来工作的意愿等。

所以在整个大的企业的架构底下，反而是走这样的一个路线。

昨天我跟宋老师也讲到，我在深圳跟一个高校探讨如何跟工会合作，做企业社会工作。因为在深圳、广州，富士康事件发生以后，他们的压力事实上挺大的。珠三角的那些企业，基本上是员工短缺的一个状况，员工愿不愿意留下来，企业面临很大的员工短缺问题，另外离职也是一个问题。我的另外一个团队在常州，跟他们的企业合作，成立一些员工的福利中心，我们叫康健驿站。是把健康两个字反过来，康健，因为健康的观念是生理上面的，康健的话，包括生理跟心理。我们使用参与式研究。也就是说，提供一个平台给企业的代表、工会、妇联、计生委，员工代表全部坐在一起，让他们自己去设立他们希望看到的活动跟内容。所以那个是很有趣的模型，我们叫参与式的模型，虽然主导是计生委，现在是卫计委，他们要解决生殖教育问题，大部分的员工在那个工厂都是年轻女工，20岁以下，有的甚至不知道自己怀孕了，所以他们要解决这方面的问题。刚开始的时候，我们有两个实验企业，现在已经变成十五个企业要求参加，因为他们觉得有效，每一个企业有它自己独特的项目，我们通过参与式研究，很有趣的，有一两个企业希望回到你们爸爸妈妈，或者说你们祖父、祖母他们那个年代的单位制度，企业可以办一个幼儿园在里面，让他们无后顾之忧地上班，那个企业也同意，办了个幼儿园，我们听说，新的统计数据还没有出来，但是感觉上员工的流动率降低了，立刻可以看到成效。

另外一个是企业前几年，每年都有几个个案是要处理人工流产的。成立了这个员工中心以后，我们提供很多不同的信息，有一个服务手册给他们看，有了这个中心以后，他们去年的人工流产个案已经降到0。所以过去几年每年都有两三个个案，两三个个案对于他们来讲，已经是很大的数目，因为员工也没有很多，比例上很高，但去年已经变成0，我们做焦点团体访问，那些员工就会说，因为他们有了这个康健驿站，有了员工手册，他们事实上进一步地去了解很多的知识，同时也在一个稍微隐秘的地方，提供免费的安全套。在隐秘的地方放免费的安全套，每天放进去，几乎两天放二三十个，通常是两天之内就全部被领完。所以事实上这个对他们也有帮助。现在我们希望把这样的一个模型，在珠三角重新推动。这是企业社会工作的一个新的切入点，目前还没有社会工作者的参与，所以我这次北京访问结束后，就到广州去，跟一两个高校合作，让社会工作学生去跟这些企业联系，引入社会工作专业的服务理念进去，不单是有一个康健驿站，我前面讲的，不单是有一个服务中心，有了这个中心以后，你提供怎么样的一个服务，希望怎么推进，这也是新的，可以算是新的企业社会工作的方向。

对于企业来讲，这个投资是正面的，而且政府也支持，因为政府毕竟对这个家庭计划还是很重视的。但是我们并不是依靠上面的政策，完全是参与式。康健驿站也是员工自己提出来的想法，我们刚开始进去的时候，主要是提供手册，因为提供手册，这个我们在伯克利已经有很成熟的经验，手册已翻译成 20 多种不同的文字，给在美国的不同的移民，他们看到生活上面的一些知识，比如，如果你要带小孩子去念书，你要怎么样去登记，你怎么办你的社会保险卡。后来在常州这个参与式的过程里面，员工说希望有一个活动中心，让我们自己跟朋友聊天，后来又有另外一个建议说，在这个中心里面，他们希望能够视频，有一台电脑也好，可以连接到他老家的爸爸妈妈，或者能跟爷爷奶奶视频聊天，然后我们才发现，原来我们一直以为现在年轻一辈用 QQ、用视频都是理所当然的，但是对很多在工厂里面打工的农民工子女来讲，他们负担不起这样的流量费用，可以随便地视频，这是他们自己的要求，放台电脑在那边。另外一个企业员工说，希望可以放一个大的投影机，可以看电影，看什么电影也是他们自己选，并不是企业的管理人员规定他们看什么电影，让他们自己选。图书馆买什么书，也是自己有一个小组来决定，透过这样的一个参与式的方法，我们希望可以增加这些农民工对这个企业的归属感，他们的离职率可以相对地降低。

学生甲：我想问一下，您在伯克利教的所有学生，他们心理课程的量占到多大？而且就是在不同的社区，不同的人员，尤其是弱势群体，心理咨询占的比例多大？我觉得这是解决问题的关键。你要不攻心，那小孩他还会自杀，你得问他为什么自杀，原因在哪，他也不是穷，为什么？美国在这方面有什么经验，您对比过北欧和新加坡，它们在这方面可能做得更好，当然它们的富裕程度远远超过我们，甚至比美国还要好，也没有那么多人自杀，那我们有没有做比较，把这些问题解决，刚才您说常州的康健中心特别有意思，能不能在这方面，政府还有大学里头提出更健康的、更有建设性的东西来引导他们，他有时候做对了，但他不知道为什么对，他做得不到位，他也很迷茫，不知道怎么来解决。

周镇忠：美国的社会工作事实上受心理学的影响很大，这也是我们一直纠缠跟讨论的一个议题。伯克利前两任的院长 Harry Specht 和他的学生 Mark Courtney 写了一本很著名的书叫《失落的天使》 *"Unfaithful Angels"*，就是批评美国社会工作的，渐渐放弃早期从社区的角度看问题，受到心理学派的影响，把问题都简单化、个人化，所以只看到个人，看不到大体，只看到树，看不见林，所以一直有这样的争论。同时大部分的学生，对心理学、对个人治疗比较有兴趣，所以课程的安排大部分事实上还是以个人与心理作为导向的。

学生甲：那些人上完课以后，他回到社会，怎么利用他学的心理学的知识来解决那些弱势群体的问题，这个最关键。

周镇忠：我们的课程帮助学生对问题有一个全面的认识，从个人到社会，进行不同层面的干预。从个人的角度出发的时候，要先了解他本身的需要是什么，目前困扰他的问题症结在哪里，然后更有针对性地对他现在所面临的问题，提供合适的服务。但是要在影响政策方面做出改变的话，我们鼓励社会工作人员可以再进一步，从宏观的角度，看到彼此之间的关系，也就是说政策如何影响到个人。当然政策方面的问题，我们不一定立刻可以解决。因此在整个社会工作教育界里面，有一个共识，学生要修个人的心理方面的课程，也要修社区方面的、宏观方面的，跟政策上面的课程。所以是三个层面：微观、中观、宏观。我教的社区工作，切入点实际上也是从个人出发，所以我会先讲个人，如果不解决他个人面临的问题，光讲社会改革是没有意义的，因为他根本不知道改革什么，但如果只讲社会改革的话，落实不到个人问题的解决，同样没有意义，所以需要强调彼此之间的双连接性。

主持人：今天周教授花两个小时时间，给我们讲了美国社会服务的发展，分享了对中国社会服务的一些经验，还有数据、案例以及他自己独到的研究成果，我想我们每个人都从中得到了很多的启发，对我们每个人，对学生也好，对老师也好，都有很大的帮助，那么谢谢周教授，谢谢大家，今天的讲座就到这里。

从高承诺政治到低承诺政治：
中国城市消费模式变迁的制度逻辑 *

王　宁 **

主持人：各位专家、各位学者，老师们、同学们大家下午好。首先非常感谢大家来到我们"社会建设理论与实践"的论坛，这个论坛是北京工业大学人文社会科学院与中国社会科学院社会学研究所、中国社会学会社会建设研究专业委员会联合主办的，这个论坛我们已经连续举办了六次。

但是今年我们采取一个比较新的形式，我们把"陆学艺学术讲座"放到中国社会学会的年会上，放到我们的"社会建设理论与实践"这个论坛上来。我们今天非常荣幸地请到中山大学社会学与人类学社会学院王宁教授，他也是我们中国社会学学会副会长，广东省社会学会的副会长，让我们以热烈的掌声欢迎王宁教授来给我们做"陆学艺学术讲座"的报告！

在他讲之前，我稍微多讲几句，为什么把这个"陆学艺学术讲

＊　本讲为"陆学艺学术讲座"第十四讲，时间：2015 年 7 月 11 日，地址：中南大学铁道校区世纪楼 B104。

＊＊　王宁，中山大学社会学与人类学院社会学系，教授。

座"放到这个"论坛"上面？"陆学艺学术讲座"其实大家都知道，陆学艺是中国著名的社会学家、"三农"问题专家，为中国社会学的建设与发展，贡献了毕生心血。他的学术贡献不仅仅在于中国社科院社会学研究所，也不仅仅在于北工大人文学院，老先生在2000年来开始北工大社会学的建设，老先生在他的学术生涯后期，开辟了社会建设这样一个新的领域，这个新领域的开辟，是在北工大进行的。所以，我们作为他的北工大的同人，包括他的弟子，有义务也有责任，把陆学艺先生的学术精神、学术思想，发扬光大，传承下去。

在陆先生2013年去世之后，北工大成立北京市"首都社会建设与社会管理协同创新中心"，专门在中心下面设立了"陆学艺学术思想研究中心"，同时经过学校校长办公室批准，我们跟中国社科院社会学研究所协商，在北工大率先设立了社会学学术讲座，又简称"陆学艺学术讲座"，包括跟大家手上看到的"陆学艺社会发展基金会"，我们也进行合作。我们希望把这个"陆学艺学术讲座"，不仅仅办成一个在理工大、在北京的讲座，而且办成中国社会学学会的一个讲座，我们希望到时候能够把它放在全国各高校、科研机构举行，我们共同来发扬陆先生的学术思想，把它发展发扬光大，把"陆学艺学术讲座"办成一个高端学术平台，通过这个平台让大家进行学术交流，了解社会学研究的一些最新成果，追踪社会学的发展，所以我们也希望到时候大家共同努力。

那么，下面我们有请王宁教授！

王　宁：谢谢主持人，谢谢北京工业大学邀请我来做这样一个讲座，深感荣幸，但是同时又备感压力，因为"陆学艺学术讲座"具有很高的荣誉，个人能力配不上。

我今天要讲的内容是城市消费模式变迁。我想来分析背后更宏观、更深层次的一些原因。这个原因就是从"高承诺政治"逐渐转向"低承诺政治"。这样一个划分法是依据政府，或者制度设立者，对社会做出的政治承诺水平，然后按照这个承诺来设计具体的福利制度。

由这个承诺你会发现，它在早期的时候是很高的，到了一定的阶段以后它就变低了，原因是什么？它对消费的制度安排，造成什么后果？这是我们今天要讲的内容。在讲之前我们先界定一下到底什么是消费模式。消费模式通常有两种含义，第一，它指居民消费行为一些模式化特征。我们通过统计方法把居民消费行为的相似特征描述出来，并称它为消费模式。第二，它是居民消费行为背后的各种制度的组合。在这里消费模式与居民消费的行为之间，构成因果关系。这种制度框架约束了居民的消费行为，决定着消费者行为的边界和方向。

我在这里讲的消费模式，是第二种含义上的。消费模式就是消费制度安排。它有两个方面的制度。第一是有关集体消费的制度，第二是私人消费的制度。这两类制度组合在一起，就构成消费模式。

它涉及集体消费和私人消费的比例关系。如果消费制度安排是更多地支持集体消费，那就意味着居民交的税多，税一多，私人消费不就减少了吗？反过来，如果在消费制度安排上减少集体消费，那就是居民少交一点税收，他们就可以多一点钱用于私人消费。

讲到消费制度安排，就必然要讲到制度安排背后的理念、观念、价值原则的问题。因为制度是设计出来的，如果说，非正式制度是自然而然形成的，那么，正式消费制度往往是设计出来的。人们在设计制度的时候，往往是依据某种理念、观念或价值。你觉得这么安排制度能达到好的社会效果，那么你就会这么来安排。或者说，你之所以安排这种消费制度，是因为你有某种特定的价值偏好和观念。

消费制度安排背后的原则是什么？可能有很多的原则，但是你会发现有两个原则是最基本的：第一是"平等"，第二是"自由"。

为什么人们会设计那种倾向于更多的集体消费的制度安排？你会发现它背后其实体现了人们有关平等的诉求。当然集体消费还体现社会共济、相互帮助、社会团结等因素。但是平等作为一个概念，可以把这些因素都包括进来。因为平等，所以我们才相互帮助、社会共济。集体消费（福利消费）属于再分配领域，它要"拉高补低"，这就体现了追求平等的诉求。

与之不同的另外一种消费模式是倾向于减少集体消费或福利消费，从而相应地减少居民的纳税额，让居民有更多的用于私人消费的资源。在这种消费模式中，居民更多地追求个人的、私人的消费，从而少交一些税，消费生活资料更多地由个人来支配。这种消费制度安排背后的价值偏好，就是"自由"。我把更多的钱留在我的口袋里，而不是用于纳税，我不需要政府过多地安排我的生活，我的生活由我自己支配。在这里，"自由"与"自主性"是联系在一起的。我是自由的，所以我的生活我做主。我是自主的，所以我就是自由的。

到底一个社会是集体消费多一点好，还是私人消费多一点好呢？不同的国家的选择是不一样的。但无论如何，集体消费和私人消费的组合，往往是根据制度安排者的价值偏好来决定的。这就能解释为什么苏联和东欧国家采取了集体主义的消费模式，而美国采取了新自由主义的消费模式。

可见，不同的消费模式体现不同国家的执政党及其政府的价值偏好。而最为根本的价值偏好，就是平等和自由，它们构成消费制度背后的两个价值支撑。平等和自由的天平，就成为一个分析消费制度演变的分析框架。这个框架不是我们消费社会学家提出来的，它最早是由托克维尔提出来的。托克维尔是第一个从平等或自由的价值偏好来分析国家制度抉择的学者。他在《旧制度与大革命》和《论美国的民主》的著作中，采纳了这个分析框架，从自由和平等的关系来分析制度选择。

托克维尔发现美国人和法国人不一样。法国人在大革命的时候，所追求的价值目标是平等，而不是自由。法国人在进行大革命的时候，自由对他们来讲仿佛不那么重要。那么追求平等的结果是什么呢？很讽刺，它走向了反面，走向了不平等，因为法国人在拿破仑称帝的时候就丧失了自由，那么自由是怎样流失掉的？它是一点一滴流失掉的。

到了美国你会发现，美国人是追求自由的，当然他们也追求平等，但这个平等是要通过自由来体现的。托克维尔用美国这个案例来比较法国，他觉得博爱、平等这些东西有时挺可怕。以平等之名可以做出邪恶之事，因此自由比什么都重要。所以，他认为，以平等之名从事制度安排，可能会导致自由的丧失，但是反过来，以自由之名做出制度安排，如果做得不好的话，也可能导致巨大的社会不平等，或者平等的减少。

这样的分析框架也被我们国内的学者所借用，比如说中共中央党校的吴忠民教授，就从平等和自由的价值偏好来分析中国的制度选择。他认为，改革开放前的 30 年，支配制度安排的价值理念是平等，所以结果是前 30 年是平等相对有余，而自由相对不足。但是到后面 30 年，则是自由相对有余，而平等相对不足。他从多方面揭示改革开放前制度安排上所体现的平等，比如说性别平等、民族平等、阶层平等等，但他忽略了一个很重要的不平等，"城乡不平等"。他认为，后 30 年是自由相对有余，而平等相对不足。他的研究为我们分析中国的消费制度变迁提供了一个有用的视角。

　　有两个问题值得我们去进一步思考。第一个，在消费制度安排上，改革开放前我们的价值偏好是平等，而改革开放以后，又转向了自由，这种转向的原因是什么？它遵循了什么逻辑？第二个，自由和平等与消费模式有没有关系？这两个问题迄今为止没有得到深入研究，因此，就值得我们去探索和回答。

　　在改革开放前我们在集体消费（福利消费）的制度安排上，缺乏足够的资源，但我们却采取这样普遍的福利制度（我指的是城镇，农村不包括在内）。与之相对，在私人消费制度安排上，我们限制城镇居民消费水平，对消费品的摄取采取严格管控。在这种消费模式中，你会发现，在城镇居民的集体消费上，国家没有足够的财政能力和资源，但国家却设计了需要很大财政投入的集体（福利）消费制度。国家为什么要在集体消费上背起这么沉重的财政负担？很显然，是出于价值偏好的选择（平等）。国家在私人消费的制度安排上，采取了抑制消费的制度。

　　改革开放之后，在集体消费制度安排上，随着国家财政收入的不断增加，财政有钱了，国家有更多的公共财政资源，但国家在福利制度的安排上，却要"卸包袱"。在计划经济时代，国家缺钱，却在福利消费上背起了沉重的"负担"，但是现在有钱了，却把这个"负担"卸掉，这是为什么？在私人消费领域，国家不再限制和干预私人消费，换言之，国家给予居民以消费选择自由。可见，不论在私人消费领域，还是在集体消费领域，国家在改革开放以后，都做出了与改革开放以前不同的制度安排。

那么为什么会发生这种转型？我刚才讲到制度安排体现了制度设计者的价值偏好。很显然，在改革开放前，集体消费制度的安排，体现了平等的价值偏好。国家即使没有足够的财政资源，也要在城镇居民的福利消费上背起一个沉重的"负担"。之所以如此，是因为制度设计者有一个理想，"以平等之名来建立人间天堂"。但是，到了改革开放以后，制度设计者部分地放弃了平等的价值理念，"让一部分人先富起来"。1993年底，中共中央推出一句口号："效率优先，兼顾公平"。在这里，效率比公平更重要，或者比平等更重要，而整个改革开放其实就是破除平等观念支配下的平均主义，打破大锅饭，按劳分配，多劳多得。我们要问的就是，为什么在集体（福利）消费制度的安排上，制度安排者在改革开放前所追求的价值目标是平等，而到改革开放后则不追求平等，而追求自由和效益？

在私人消费制度安排上，在改革开放前，制度安排者的价值偏好是限制居民的选择自由。改革开放后，制度安排者的价值偏好不再是限制居民的消费选择自由，而是赋予居民自由。制度安排者在私人消费领域从改革开放前限制居民的消费自由，转变到改革开放以后赋予居民以消费自由，原因是什么？

通过上面的论述可以看出，我们对消费制度的分析，可以转化为对消费制度安排过程背后的价值偏好的分析。具体来说，就是转化为对政策或制度制定者的价值偏好的分析。尽管这些制度的制定者只是人数有限的人，但他们是宏观行动者。他们制定的制度具有宏观的影响。

为了简化对问题的分析，我们把政策或制度制定背后的价值偏好简化为两类：平等和自由。消费制度安排中的偏重福利消费的现象，其根源在于平等的价值偏好。福利属于再分配领域，再分配过程往往是削高补低，也就是追求平等。另外，福利供给水平往往取决于公共财政的多寡，有这么多公共财政资源，我才能提供这么多的福利供给。可见，福利供给水平要根据公共财政收入水平来定。

依据福利水平与公共财政收入水平之比，我们可以确定福利供给的相对高水平和相对低水平。如果不看福利水平与公共财政收入水平之比，单纯看福利供给的绝对水平，计划经济体制时期的福利供给水平并不高。但是，如果看城镇福利供给水平与公共财政收入水平之比，计划经济体制时期的福利供给的相对水平是颇高的。之所以会这样，是因为福利是体现平等的价值观念的领域。

就消费领域来说，平等与自由的关系，实际上可以看成是福利与自由的关系。福利和自由都跟消费有密切的联系。福利是从集体消费的角度，影响到我们的消费生活的。而集体消费的制度安排体现的是对平等价值的追求。消费领域的自由则主要体现为私人消费选择的自由。由于个人有了更多的私人消费生活资料的产权，个人可以支配自己的生活，自主决定和安排私人消费生活。可以说，过去60多年中国城市消费模式的转型，就是福利和自由，或平等和自由的天平的此起彼伏的变化。

接下来我们就先呈现一下分析框架，然后来分析，为什么制度制定者会形成这样一种价值偏好。这个分析框架就是福利供给水平和公共财政资源的匹配或者失配。这个框架是从哪里引申出来的？是从清华大学的秦晖教授那里借鉴过来的。秦晖教授认为，不论是大政府，还是小政府，都必须与它所承担的责任相匹配，大政府就是大权力，那就要承担大责任。小政府就是小权力，那就承担有限责任。当然，他讲的更多的是一种"应该"。

我们可以进一步把他这个框架拓展开来，变成一种公共财政资源和制度安排背后的价值偏好之间的关系。我们怎么样来看制度制定者的价值偏好？必须从社会学的角度来解释。在实行选举制的国家，每一个政党在进行竞选的时候，都会有要争取的目标选民。选民是由阶层构成的。不同的阶层对福利，或者说，对集体消费和私人消费制度的安排，有不同的价值偏好。为什么？因为高收入阶层更愿意减少税收，从而减少福利供给，而低收入阶层更愿意降低税收起征点，同时增加对富人的税收，从而增加福利供给。就穷人来说，由于他们本来就不用纳税，所以福利对他们来讲是一块净收入。但高福利意味着高税收，对高收入阶层来讲，意味着私人消费资源的相对减少。

因此，一个国家的人口结构或收入分配结构会决定这个国家的制度安排。如果中低收入阶层占据人口的多数，这个国家就比较容易走向社会主义，或者是社会民主主义，因为主流人口的价值偏好是平等。如果这个国家中产阶级占据人口多数，它就会比较容易走向自由主义。所以，一个政党要竞选成功，就要对目标选民做出承诺。在一个低收入阶层占据人口多数的地方，如果要争取低收入阶层的选民，政党往往容易做出体现平等价值的政策承诺，如提供更多的福利。与之相对，在中产阶层占据人口多数的国家，要争取这部分选民，政党就更容易做出体现自由价值的政策承诺，如减少税负，增加个人的可支配资源。

与选举制国家不同，在非选举制的国家，面对统治集团，革命党往往要对占据人口多数的阶层做出足以获取他们支持的政治承诺。我们都知道革命党的目标是获取政权。革命党在获取政权的过程当中，它面临的最大困境是没有优质的财税资源，因为优质的财税资源掌握在统治集团那里。革命党要搞革命，要推翻统治集团，没有足够的物质资源，就会很困难。在这种情况下，获得大多数人的支持，就特别重要。但由于革命党没有足够的物质资源，它往往只能通过对潜在的支持者做出承诺的方式来获得他们的支持。革命党的承诺就是用给予支持者的未来的制度回报作为一种资源，以获得人们的支持。这个未来的回报就是一种让支持者能够获益的制度安排。只要有了这样的制度安排，支持者就能获利。可见，对革命党来说，承诺就是一种资源，一种换取潜在支持者支持的资源。

为了说服群众，获得多数人的支持，革命党往往会做出较高的政治承诺。所以，革命党在革命成功以后，一定会面临一个高承诺兑现的压力。这些都是在这个压力之下做出的反应。而这样一种反应，经常会带来兑现危机。没有足够的资源，就做出高承诺，兑现不了怎么办？在这种情形下，就会出现危机。

从资源与承诺的关系来看制度供给，为我们提供了一个分析框架。通过这个分析框架，我们可以把不同国家的消费制度安排做一个分类，其中一类叫作"高位匹配"。一边是高福利承诺，另外一边是充裕的公共财政资源。正因为财政资源充裕，所以政党可以做出较高的福利承诺。西欧和北欧就属于这种高位匹配的类型。制度制定者之所以做出高福利承诺，是因为国家有足够的公共财政资源。在这里，资源和承诺水平是匹配的。与之相对的另外一类，是"低位匹配"。一边是低福利承诺，另外一边是国家缺乏足够的公共财政资源，是穷国，因此承诺与资源在低位实现匹配。第三种类型就是"资源失配"。一边是公共财政资源不足，另外一边却是高福利承诺。也就是说，高福利承诺缺乏足够的公共财政资源的支撑。第四种类型则是"福利失配"。政府有了足够的公共财政资源，却做出低于这些资源所能支撑的福利水平的承诺和安排。

接下来就要分析，为什么会形成资源失配？在什么样条件下，资源失配又走向了福利失配？支配和影响这个转变过程的因素有哪些？

我们先来分析"资源失配"。"资源失配"主要讲的是高福利承诺，最后出现兑现危机，兑现不了。要搞清楚这个问题，还是要回到刚才所讲的政党的社会基础。任何一个政党，都有其所依赖的社会阶层或社会基础。中国共产党在长期的革命斗争当中获得政权。革命的成功在很大程度上，与中国的社会阶层结构有关系。中国社会阶层结构是怎样的一种结构？中国是一个农业大国，工业基础很薄弱。因此我们从职业上来划分，农民占据大多数，而农民当中，占有土地的地主阶层是少数，贫农、雇农、中农占据农村人口大多数。在城市，工人占据人口的多数。所以，在1949年以前的中国，占据人口多数的是贫困的农民和工人。贫困的工农有什么样的诉求呢？他们的诉求就是要改变现状，重新分配各种资源。中国共产党的社会基础恰恰就是工农大众，而不是既得利益集团。既得利益集团是反对改变现状的。

贫困的阶层作为社会基础，能贡献给党和军队的物质支持是有限的。一个农民能够给你的资源是粮食，他自己也要吃，他剩下的余粮是不多的。但这没有关系，因为他们人数众多。虽然他们人均支援解放军的粮食不多，但由于人多，汇聚起来，也足以支持党和军队。

农民支援了党和军队，那么，党拿什么来回报农民？承诺。在农村，我们对农民做出土地承诺，后来搞农村人民公社，土地私有制被取消，那是因为我们做出了比私有化更好的承诺。在城市，我们也给工人做出很多承诺，消灭剥削和压迫，工人阶级做主人，保障终身就业，并有一系列福利承诺，包括教育、住房、医疗等方面的福利。所有这些承诺都成为社会动员的有力武器。

我刚才讲低收入的阶层是希望改变现状的，所以我们给农民的承诺就是平等，消灭剥削和压迫，人人平等，平均地权，进行土地改革。而在城市，则承诺工人当家做主。这种承诺，换来了工农的支持。这种高政治承诺，不但有价值，而且具有重要的社会动员的功能。不做出承诺，我们就没有足够的社会支持，就不可能从事革命，因为没有社会支持，就没有资源。没有资源，就无从进行革命。

所以，这种承诺有双重特点：第一，价值性；第二，功用性。价值性体现在它源于意识形态，因为共产党有一套建党理念。其中就讲到要消灭剥削和压迫，很多套在劳动人民头上的链锁要取缔掉，建立一个平等的社会。很显然，平等成为一种价值性承诺。由于这种平等承诺带给工农打破阶级壁垒，实现向上的社会流动的希望，因此，它就发挥了社会动员的功用。工农被动员起来，投身革命，支援革命。

高承诺的风险在于，这些承诺是否能够充分兑现。以城镇社会为例，福利承诺是一种高承诺，因为它给政府增加了很大的财政压力。但这种承诺是必须兑现的，它是刚性的，因为一方面，它是社会主义优越性的体现；另一方面，为了这种承诺，党的支持者已经做出了奉献。因此，这些承诺是必须兑现的。所以，在城镇，职工福利是社会主义制度优越性的体现，它既是政治性的，又是契约性（隐性契约）的，因此，它的兑现就是刚性的要求。为了兑现这些承诺，即使我们没有足够的公共财政资源，也必须进行福利供给。

但是共产党同时还做出另外一个承诺，这个承诺，可以叫作工业化承诺。我们是落后的农业国，我们要战胜资本主义，就要比它有更高的劳动生产率，我们要赶超发达资本主义，就不能走常规经济发展的道路，而是要用超常规的模式，这个超常规的模式，就是重工业优先发展的战略。建设社会主义工业化，是为了提高我们兑现承诺的能力（社会主义的优越性）。而这个重工业是资金密集型产业。本来我们的资金和资源就有限，然后我们还优先发展重工业，这就形成了第二个刚性支出，即工业化支出。于是，福利支出和工业化支出都构成刚性支出。在缺乏足够资源的情况下，就必然挤压其他方面的资源。

第一，对城镇职工的工资水平进行挤压，怎么挤压？实行"低工资政策"。周恩来在1954年政府工作报告中就讲到，我们要采取重工业优先发展的战略，但是我们资源很缺，底子很薄，所以我们要制定低工资政策，"三个人的饭五个人吃"，你不会饿死，但是不要吃太饱。

第二，重工业优先发展造成了对农业和轻工业的挤压。而农业和轻工业是消费品产业，其产出是可以拿来消费的，重工业的产出是不能拿来直接消费的。这种挤压的结果，就是消费品供给的不足。

消费品短缺造成了消费选择权被削弱，消费选择自由被抑制。

可见，为了实现平等的目标，我们不得不挤压自由，尤其是消费选择自由。在资源不足的条件下追求平等的目标，包括在城镇社会追求体现平等的福利目标，常常会以牺牲自由为代价。简单地说，平等挤压了自由。

对自由的挤压体现在哪里？首先，我们把所有的资源集中起来，建立一个高度集中的计划体制，对个人的经济自由造成挤压。资源都被收走了，个人要开一个店，自己做一点生意，政府不允许。其次，城镇社会的低工资政策又对农村造成挤压。我们要把资源倾斜到重工业，同时，为了节省工业化成本，在城镇实行了低工资制度。但城镇的低工资制度能够正常运转的一个必要条件，是基本生活资料产品的价格不能太高。换句话说，在市场经济中，商品价格是由供需关系决定的。而农产品在那个时候是短缺品，由市场供需决定的话，价格就会很高。为了确保国家获得对农产品价格的定价权，国家实行了"统购统销"政策，消灭了市场，从而用行政定价的方式，把农村的劳动剩余转移到城镇社会。"统购统销"中的"统购"挤压了农民的经济自由，创造了城乡不平等。再次，"统购统销"中的"统销"则挤压了居民的消费选择自由。基本消费品供给市场被国家垄断，城镇居民没有可替代的供给市场，而这样的供给市场是凭票证限量供应的，是没有选择的。同时国家不能允许居民追求风格化趣味和消费选择自由。最后，对自由的挤压还体现在我们对人口迁徙自由的严格限制上。农村居民向城市迁移，但城里装不下这么多人，因此不得不限制人口迁移。于是我们搞出了一个户籍制度，把人们束缚在某个地方。

以平等的名义做出制度安排以后，要兑现当初的承诺，就必须不断提高劳动生产力。由于我们没有足够的资源来激励劳动者，例如我们不得不实行低工资政策，凭什么让劳动者积极劳动呢？这就需要再次的社会动员。为了动员劳动者积极劳动，我们只能依靠承诺，同时进行意识形态化的思想政治工作。这就是精神激励。精神激励有两种。一种是从正面进行表扬，授予积极分子以荣誉，并试图通过积极分子带动其他人一起积极劳动。另外一种是从反面对落后分子进行批评教育。

在物质短缺的条件下进行精神激励，对精神资源的纯正性的要求是很高的。也就是说，那些有着精神激励作用的国家话语，必须是自洽的，与实际相一致。但是，一方面，精神激励的话语包括承诺话语，这些承诺要逐步兑现，而不是不兑现。但是，到了"文化大革命"期间，人们"勒紧裤带干革命"那么多年以后，不但没有换来物质短缺的消失，反而换来物质短缺的加剧。另一方面，精神激励话语包括各种理想话语，但它越来越与现实相脱节。例如，它要求党员干部"吃苦在前，享受在后"，但在"文化大革命"中后期，国家话语与现实不一致。在精神激励的话语资源失去纯正性的情形下，精神激励逐步失效。精神激励没有发挥作用，工人就开始偷懒和懈怠。而劳动者的积极性下降，则加剧消费品短缺，它反过来加剧"走后门"之风的蔓延。在精神激励也不起作用的情形下，由于我们缺乏物质激励的手段，我们只能继续强化思想政治工作。所以在整个 70 年代，单位每周都要花半天来组织政治学习。

我们看到，为了追求平等，我们如何一步一步地挤压了自由。而自由被挤压以后，经济活力下降，劳动生产率无法提高，我们兑现承诺的能力下降。而承诺没有兑现，就使得物质激励变得不可能，同时，曾经发挥过作用的精神激励也失去了效用。

出路何在？很显然，到了这个阶段，要摆脱危机，必须首先解决劳动激励的问题。既然精神激励难以起作用，那唯一的办法就是物质激励。但是，在计划经济体制下，我们能够给予的物质激励毕竟是有限的，因为我们的劳动生产率不高。因此，要进行劳动激励，就必须从制度着手。也就是说，揭开套在居民身上的各种束缚，给他们以经济自由，在农村，实行家庭联产承包责任制，在城市，先是实行"按劳分配、多劳多得"、实行奖金制度（"奖金不封顶"）、打破"大锅饭"，并允许个体户存在，然后实行劳动力商品化制度，打破"铁饭碗"，引进外资，允许民营经济和民营资本的存在。

很显然，在某种意义上，改革开放的过程，就是制度制定者的价值偏好转移的过程。原来的制度制定者所偏好的价值是平等，改革开放过程中，制度制定者所偏好的价值则是自由，尤其是居民的经济自由，例如，人们有了经商和创业的自由，在劳动力市场上有了自主择业的自由、迁徙的自由，等等。制度制定层面的价值偏好，从平等转向了自由。

与自由相联系的，其实是效率目标。经济自由带来了经济效率。对外开放和对内搞活，意味着一方面我们的经济体系融入国际自由经济体系，另一方面，我们赋予居民和各级经济主体以更多的经济自由和自主性。这极大地提高了经济效率。经济效率的提升，使得国家的公共资源增多。

于是，为了自由和效率，平等的价值在制度制定层面中的地位下降了。"让一部分人先富起来"，成为国家层面的政策，它允许阶段性的不平等。因为这种阶段性的不平等构成对后进者的示范和激励，从而有利于激发他们的竞争和奋进的意识，并借助"先富者"，达到"共同富裕"的平等目标。因此，为了未来的富裕性的平等，要允许阶段性的不平等（"一部分人先富起来"）。之所以如此，是因为经济自由往往会造成对平等的伤害。但只有经济自由才能带来经济效率，为了这个效率，必须在一定时期内容忍不平等。因此，在1993年底，中央提出了"效率优先，兼顾公平"的口号。这句口号明确地表达了制度制定层面的价值偏好：自由和效率优于平等和公平。

于是，计划经济体制时期那种体现平等的价值偏好的福利制度，就遭到新自由主义式的改革。要克服计划经济体制时期的承诺兑现所带来的困境，我们要做的，第一，把经济搞上去，为此就要通过制度来赋予居民以经济自由，从而提高国家的财政资源吸取能力。第二，降低福利上的高承诺。如果兑现不了福利方面的高承诺，不如降低承诺水平。

政策制定者发觉，缓解计划体制时期的"资源失配"所导致的危机，在于发展经济。邓小平多次说，贫穷不是社会主义，社会主义要消灭贫穷，而导致贫穷的原因就在于，我们管得太多，居民的自主性和经济自由被束缚。所以，改革的一个做法就是放松管制，实行一定程度的经济自由化，让经济搞活起来，对内搞活，对外开放。对内搞活先从分权开始。分权就是让下面各级的经济主体有自主性，有一定程度的经济自由。同时，通过劳动力商品化改革，让劳动者更多地承担自我责任和自我激励。劳动者也获得了迁徙自由。各种生产要素得以在市场上自由流动。经济活力大大增强。商品和财富迅速增加，消费水平迅速提高，人们开始追求有房有车的生活。如果说，在计划经济体制时期人们有对未来的平等主义的憧憬，改革开放以后人们对未来则形成了物质主义的憧憬。

穷怕了的中国人在追求物质财富的过程当中，开始觉得平等不那么重要，相反，自由以及自由所带来的物质回报更重要。因此，在20世纪90年代末期国家对福利制度进行大刀阔斧改革的时候，大家并没有采取激烈反对的行动。

国家为什么对福利制度采取改革呢？那是因为国家不再具有计划经济体制时期那种意识形态包袱。同时，更重要的是，国家通过改革，让居民有了更多的经济自由，居民的收入和财富增加，从而使得改革获得了合法性。国家借助在经济领域改革所获得的合法性资源，有了对福利制度进行改革的底气。福利制度改革的目的之一，是减少政府的财政负担，提高福利供给的效率。因此，福利改革符合国家的"效率优先，兼顾公平"的宗旨。福利制度的改革，体现了制度制定层面的价值偏好的转变：从平等的价值偏好，转向了自由的价值偏好。计划经济体制时期用来体现平等价值的福利，在很大程度上被按照效率和自由主义的原则加以改革。

因此，在福利里面我们不再实行高承诺，而是转向低承诺，它是从 20 世纪 90 年代后期开始的。对福利制度的新自由主义式的改革，是对过去高承诺的修正。但是这个修正有一点"过"，尽管计划体制时期的这种高承诺带来很多的负面后果，但是我们在进行修正和改革的时候，走向了另外一个极端，即"福利失配"。福利失配意味着，本来国家可以在福利消费上投入更高比例的公共财政资源，但国家没有这么做。因此，国家在福利问题上，从高承诺政治走向低承诺政治。

为什么会出现"福利失配"？部分原因在于制度制定层面的价值偏好类型的变化。平等的价值偏好背后的精神基础是什么？是浪漫主义。浪漫主义容易使人不切合实际。自由的价值偏好背后的精神基础则是个人主义、契约主义和理性主义，其特点就是理性和务实。

我们从偏好平等的制度安排走向偏好自由的制度安排，意味着我们的消费模式从集体主义的消费制度转向了个体主义的消费制度。集体主义的消费制度就是由公共财政支撑的福利消费所占比例相对较高的制度。而个体主义的消费制度就是由公共财政支撑的福利消费所占比例相对较低的制度。在集体主义的消费制度下，我们有福利上的平等，但没有消费选择的自由。在个体主义的消费制度中，我们有消费选择自由，但是我们不论是在私人消费还是在福利消费上的平等都降低了。

总结起来，平等承诺和福利承诺，是革命党进行社会动员的有效手段。高福利承诺带来高兑现的压力，必然对其他领域的资源使用以及个人自由造成挤压。个人自由被挤压，往往导致经济没有效率，从而会导致福利承诺的兑现危机（如住房福利）。一旦出现兑现危机，就会出现"走后门"等不正之风，权力就开始寻租，平等就走向了不平等。平等感一旦消失，在缺乏物质激励手段的情形下，国家对劳动者的精神激励就会失效，因为精神激励的话语资源既不能自洽，又与现实脱节。一旦精神激励失效，经济就会进一步恶化，兑现危机也就会进一步加深。

于是，解决危机的方式，只能是引入物质激励。而物质激励的实现，取决于经济自由。同时，物质激励的结果，必然是不平等，因为它导致收入分配的分化。改革过程中，制度制定层就逐步从平等的价值偏好走向了自由的价值偏好。而自由以及与自由相联系的效率，不但在市场领域实行，也被推广运用到福利领域。用于体现平等价值的福利制度，也就按照效率的方式进行了改革。于是，我们看到，国家从高承诺政治走向低承诺政治。具体来说，在福利领域，从浪漫主义走向现实主义。

占用大家时间了，今天我就讲到这里，谢谢大家！

交流环节

主持人：刚才王宁教授做了精彩的报告，从消费模式看到消费制度安排背后的价值偏好变迁，分析了社会动员、福利体系和社会变迁的关系，是非常精彩的报告，我们后面有一些时间，如果老师和同学们有问题，可以跟王宁教授进行互动。

学生甲：王宁教授您好，我觉得您讲得非常精彩，我有一个问题，按照您这种分析趋势，下一步有可能转成什么样子？

王　宁：好问题，做一个自我介绍。

学生甲：我来自中科院心理研究所，我现在做中国个体主义变迁，所以您的报告，对我启发非常大。

王　宁：西方有一个理论叫"钟摆理论"。在选举制度下，我们知道，美国有共和党和民主党这两大党，它们所依赖的社会阶层不一样。共和党上台以后，偏向某些阶层做一个政策调整，做了一段以后，下一次共和党就换成民主党了，民主党上台又会对政策往回做一些调整。它们之间会左右摇摆，但不会走极端，因为有一个相互的约束。这个钟摆理论是不是在中国也能够成立？我觉得在一定程度上也是成立的。

老师甲： 王老师您好，我是南开大学的老师，我想请教您的问题是，您的逻辑始终贯穿"承诺"这两个字，这是非常关键的两个字，我的问题是，在这样的背景之下，民主诉求和政府的承诺是什么关系？

王　宁： 这个承诺在前半段是非常清晰的，你去看《毛泽东文选》，承诺非常清晰。后30年到底有没有做出承诺，这个要去找文献，因为后来是"摸着石头过河"，但也是有承诺的，这个承诺就是摆脱贫穷，发展经济，实现现代化。但对于福利，就没有过去那种高承诺。我们改革开放以后的承诺，好像不像过去那么辛苦，做出承诺难以兑现。只要放开，给人们以经济自由，经济发展很快就搞上去了。

老师乙： 我觉得王宁教授讲得非常好，我觉得政府的战略非常清楚，您把这个讲出来了。

王　宁： 我们后30年的一些实践，是"只做不说"。

老师丙： 听了您的演讲，感觉您是在自由和平等这两个相对的理论框架下面展开讨论的，涉及"资源"和"福利"，从福利高低和资源多寡的二乘二思维框架，对新中国成立以来和改革开放以来的经济社会发展进行了历史阶段的划分。您是把福利作为核心的概念，把它放在这个框架下进行分析。您的框架是不是涉及一个深层次的国家与社会的关系？说得更加直白，它涉及合法性基础。为什么"主义"一开始承诺高福利，后来变成低福利，其实背后的一个依据，就在于之前的"高福利"，所有的浪漫主义的承诺，是为了这样一个"平等"。它其实也是经济政治文化，也是一种浪漫主义的文化，只不过后来强调经济建设，转向经济、政治、文化、社会等多维度协调发展，这是为合法性基础造势的手段。其实我觉得从高福利承诺到低福利承诺，背后的根本逻辑实际上还是基于我们国家和社会的合二为一，基于全覆盖绩效表现这样一个基础，在这个基础上面，才会导致您这个分析的逻辑，背后是不是还有一个更深层次国家与社会关系的考量？不知道您对这个观点是不是有一定的考虑？

王　宁：我明白你的意思，你的意思其实就是说，政府做出什么政策，跟我的合法性类型有一定的关系。绩效合法性更多的是在改革开放以后，这个跟之前政府的合法性还是有一点不同。改革以后，我们走向绩效合法性，这个绩效是什么？最重要的是消费水平提高，经济自由度提高。

老师丁：您的思路很清楚，主要从政府的角度来阐述问题，但是我自己觉得如果从单一的角度来看，可能未必完全概括。我觉得要把政府行为和制度环境这两个方面结合起来，才能说得更清楚。

王　宁：其实我也意识到这个问题，如果把这个写进来的话，一篇文章写不下，要在另外一篇文章中写。

老师戊：王老师做的研究上升到一个层次，做一些具体研究背后的制度安排，跟我们年轻一代做研究相比，已经是高出一个层次，我们还是在做具体的文化消费、休闲消费这些具体层次的消费研究，但是王老师已经超越这些具体领域，而去揭示这些研究背后的深层根源。像我做研究，做阶层区分以及相应的消费模式。王老师的演讲给我一个启发，我们的眼光应该更宽阔。中国的消费其实和新中国成立以后，尤其是改革开放 40 年的社会变迁有一定的关联，所以我们在进行消费研究的时候，不能仅仅局限于具体的领域，而是应该放眼消费背后的制度。如果消费研究仅仅局限于具体的领域，好像缺乏社会关怀。这给我们这些年轻人一个提醒，首先要有这种人文上的关怀。

我想请教王老师两个具体问题，一是，您觉得就消费领域来讲，我们的消费主义会造成什么后果？另外一个是，怎么来做政策文献分析？类似于这种政策文献的研究，感觉特别难，我见到有些学者做的政策文献研究，变成新闻报道，流于形式，您有什么诀窍可以传授给我们年轻的学者？

王　宁：我首先回答你第一个问题，居民的消费主义观念，会给社会造成什么后果。我觉得这要从两个方面说起。消费主义的后果与消费主义这个词的两个不同意思相联系。第一个意思，是欧洲流行的意思，消费主义是一种欲望不断膨胀的过度消费，在这个意义上，消费主义对环境造成压力，它是不可持续的。消费主义的另外一个意思是消费者保护和消费者运动，美国所讲的消费主义就是这个意思。为了避免混淆，我们可以把美国流行的消费主义的含义界定为"消费者至上主义"。这种意义上的消费主义是有正面功能的，它强调消费者主权，导致市场竞争优势。第二个问题，关于政策分析，我觉得政策分析，在方法论上要考虑到这几种政策文本的区别。第一类政策文本属于"既说又做"，它可以成为政府行为的凭据，第二类政策文本属于"只说不做"，这一类文本就不能作为政府行为的证据，第三类是内部文本，即"只做不说"，它属于我们难以拿到的文本证据。对政策文本进行分析，要找到脉络框架，把政策文本放在历史的脉络中来看，鉴别政策文本在历史演进中的框架变化，同时，从历史脉络中来把握政策框架变化的依据。我觉得聪明的研究就是要化繁为简：simple but smart，而不是：simple but stupid。我们青年学者的习惯是什么？就是喜欢在一篇文章中给出太多概念，这个习惯不好。我们不要试图在一篇论文中讲太多东西。如果你实在想讲，分几篇文章来讲，一篇文章回答一个问题。我们的研究所要遵循的第一规则，就是要给人以 surprise。

主持人：我觉得王老师不仅仅提供了深入浅出的观点，也给我们年轻学者提出了很好的建议，今天王宁教授做了非常精彩的报告。感谢各位积极地参与和互动，也感谢我们各位与会者的大力支持，最后让我们一起对王宁教授今天的精彩讲演，表示热烈的感谢！谢谢大家！

关于网络治理的几个关键问题 *

何明升 **

主持人： 各位老师、各位同学，下午好，今天非常高兴，迎来陆学艺学术讲座的第 16 讲。不到两年时间，前前后后共举办了 16 期讲座，请了国内外社会学或者其他相近经济学领域的专家学者跟大家做交流，这也是咱们工大文科同学非常好的交流平台。今天这一讲，邀请到华东政法大学何明升教授，他的研究领域主要在网络社会学这一块。我们也知道，在过去 20 年左右的时间里，信息技术的快速发展，使得网络社会这样一个新的社会学关注的研究领域出现了。所以在这一块，目前国内的一些学者开展了研究，这些学者当中，何老师应该是走在前面的。他承担国家社科基金的重大项目，也是围绕这个领域在开展研究，今天也给我们带来比较多的信息，接下来掌声欢迎何老师给我们做精彩的讲座。

何明升： 非常高兴今天有这样一个机会和同行、同学们见面，

---

* 本讲为"陆学艺学术讲座"第十六讲，时间：2015 年 9 月 24 日，地址：北京工业大学人文楼 808。

** 何明升，华东政法大学，教授。

来探讨一些问题。应该说网络不是一个新的概念，但是大家对网络的认识逐渐在深入。大家知道，网络刚出现的时候，有一个《网络独立宣言》，是仿照《共产党宣言》写的，是强烈反对政府规制的。而且在西方，你们也都知道，比较主流的声音就是网络无政府主义，同样的道理，讲的是网络自由，反对政府对网络的规制。但是最近这些年，包括在西方，又出现了另一种呼声。网络大概有三个阶段：第一个阶段是早期的网络，还不太成型；第二个阶段就是 WEB1.0技术条件下的网络；那么第三个就是 WEB2.0 技术下的网络。

自从出现 WEB2.0 之后，一方面，我们看到网络的私密性更强，另一方面外部性也更强，这样，包括在西方，关于网络规制的问题就提上了日程。大家都知道，我们国家有一种"管理"的传统，如果这个讲座放在前几年肯定是网络管理的几个问题。国家比较重点考虑的一个问题，还是网络的治理问题。但是目前为止，我觉得讨论得比较浅，基本上停留在管，即能不能管住、怎么才能管住，这样的一个层面，这也是政府关心的。

事实上我个人的判断是，目前政府对网络还没有一个好的办法，但是未来是否就持续这种状态呢？看发展。但是不管怎么样，不说政府，在学术界，西方也好，我们国家也好，都有一些共同的认识。你们知道，我们现在有第一代网络理论，也有第二代网络理论。第一代网络理论，我觉得是 WEB1.0 下的理论，现在我们国内有很多观点，其实还是相当于第一代网络理论。WEB2.0 技术条件下有第二代理论，我觉得呼吁对网络问题进行治理的声音多了起来，但是到底怎么认识这个问题呢？一方面，大家有强烈的意识，有这么一个说法，"人权在美国看是最高位级的东西，现在网络权是和人权、和自由相提并论的东西"；另一方面，也有一种呼声，就是说网络不应该是法外之地。我们学校有法学专业，我在华东政法大学也经常和法学老师聊，这个张力怎么去调和。所以就提出了一个题目，就是今天要讲的关于网络治理的几个关键问题。大体上，我准备讲四个问题。

首先，网络治理的深层含义是什么？我刚才讲了，我们对它的认识还是很肤浅的，那么它的深层含义到底是什么呢？然后第二个问题，假如说它的深层含义我们认可了，那么我们如何把握网络治理的正当性和合理性？正当性和合理性其实是法学的语言，我们社会学一般不太说正当性和合理性，之所以提到这些，也和我在华东政法大学工作有关系。我们经常讨论某个事情的正当性，如果没有正当性肯定所有的根基都没有了，网络治理有没有正当性，也就是政府应不应该规制网络，或者我们应不应该有多种途径管理网络。然而，有了正当性不一定你就是合理的，你在有大的正当性前提之下你也可能用错了方法。所以，假如说我们认同网络需要治理的话，还要看在什么情况下你是正当的，那么你有了正当性之后，你怎么样才是合理的，这也是很重大的一些理论问题。

这些清理完了以后，就是第三个问题，我们说网络要管了。其实，任何一个治理它都应该是有工具箱的，不是简单地依靠一些"五毛"，这个网就管起来了。它一定是，你有一套组合的工具，那么这一套组合的工具，合起来就叫政策"工具箱"。从网络治理这个角度讲，重要的是工具箱里应该有什么，我们把什么东西装在工具箱里面，我们要分析一下它应该有什么东西。然后接下来就是第四个问题，我的一个观点是：网络的治理离不开现实的治理。因此，我们将来如果要搞网络治理创新的话，可能重点还是要进行虚实相宜的网络治理创新，还不能说仅仅针对网络去搞一套管理办法，因为网络和现实现在是交织在一起的，所以我们的网络治理创新一定是虚实相宜的一种创新。

大体就是这样的一个思路。下面我就跟大家探讨第一个问题：网络治理的深层含义是什么。网络治理的深层含义，这个话题比较理论化，我先把主要观点说一下，然后再逐一展开。主要观点大概是这样，就是说，网络治理是什么呢？它是保证互联网良性运行的制度安排和实践活动。这个说法，我们做社会学的看着有点像郑先生的讲法，其实严复先生很早就讲过这个意思，他认为社会学是用科学方法研究社会的治和乱、盛和衰的原因，揭示社会何以达到"治"的方法和规律的学问。网络的良性运行应该有一个制度安排，还要有一系列的实践活动，整体上看应该就是网络治理。接下来，网络治理的逻辑起点，应该是对网络工具的理性选择。这个观点，是我经常讲的一个观点，一会儿我要展开，就是为什么是这样的。

现在理解的网络治理，似乎是这个网已经存在了，是在承认这个存在的前提下怎么去管好这个网，怎么去治理这个网。其实在网络存在之前，或者在不断改进的过程当中，它会不断地推出各种网络工具，这就应该有一个理性选择问题，所以网络治理的逻辑起点应该在那儿，而不是在一个既有的网络上谈网络治理，这是第一个观点。第二个观点，网络治理在微观上看是一种什么东西呢？我觉得它是网民生活样态的范式化。网民在网络当中，我叫网络生活，如果大家都有共同的生活那就是范式化了，这种范式化应该说是它微观的表现形式。宏观上是什么东西呢？是网络合作关系的模式化。现实当中人与人之间有合作关系，但是网络之中是不是也有一种合作关系呢？这种合作关系的模式化，应该是网络治理的宏观表现。第三个观点，网络治理同时又是社会治理的一种历史形态，我也多次在不同的场合讲过，它应该是自由与秩序的网络态平衡。我们经常讲自由和秩序，网络时代讲得更多了，那么不同的历史时期有不同的自由与秩序的关系。在网络这个时期，我们讲网络治理，它应该是自由与秩序这一对关系的网络态平衡，这是我的一个基本观点，有助于更深入地理解网络治理。

接下来我讲第一个观点，就是网络治理的逻辑起点。我们说它的逻辑起点，应该是对网络工具的理性选择。我们知道，卡斯特说了网络化逻辑，就是写《千年终结——信息时代三部曲》的卡斯特。他告诉我们互联网的发展带来一种本质的内在的逻辑，这种内在的逻辑，会推动社会的发展，我们要像尊重市场规律那样去尊重网络化逻辑。网络化逻辑相当大的是工具逻辑，因为网络本身是一种工具。但是作为网络工具的这个工具，它应该首先是被社会所选择的。你们知道，我们搞社会学的，尤其咱们北工大，技术社会学更应该得到关注，我以前在哈尔滨工业大学也将很大一部分精力放在技术社会学上。从技术社会学角度讲，任何一个技术以及技术转化的工具都必须要社会化才行，通过社会化要把一个技术的工具变成社会相融的技术，否则这个技术是没有益的。我们都知道瓦特发明了蒸汽机，其实历史上在瓦特之前就有一个人发明了蒸汽机的原型，但他只是当作一个玩具向朋友展示，没有像瓦特那样传下来。瓦特通过一系列的技术社会化调适最终发明了蒸汽机，推动了早期工业革命。任何一个改变社会的技术都有一个被社会所选择，并且最终和社会相互调适变成社会相融工具的过程。如果这个思路成立，我们网络治理的逻辑起点就不应该设定为：如何在一个既有的互联网平台上去规范化网络实践。而应该前置化为：如何对网络工具做出理性选择。大家知道，现在推出的很多网络工具是没有进行理性选择的，有些推出来了，我们才发现它可能还有这样那样的问题。但是实际上，从发达国家的经验看，网络工具在可能推出之前，应该有一个理性平衡过程。我们现在基本上没有这个过程，网络企业想到一个什么工具它就推出来，比如白条、余额宝这样的东西，它有正面的东西，但是推出来之前没有做相应的社会评估。

我们说对网络工具的理性选择，它是一种机制性的东西，它的机制性制约着网络治理的性质和走向。就是不管怎么样，它是一种机制，通过这种机制，它实际上在一定程度上，要控制网络发展的方向。那么因此我们说，信息化进程中的工具选择问题，应该是网络治理需要优先考虑的，而且是一个基础性的东西。这是我讲的第一个观点。

第二个观点，前面讲的微观形态。网络治理的微观形态应该是网络生活样态的范式化，这个观点很接近西方网络自由主义。西方网络自由主义，基本上是这样的一个观点。就是说，网络其实它是一种自组织形态的东西，它是可以自主地去生成规范的。在这里，我想说得再细致一点，它其实就是网民生活范式的生成、维持和不断地完善，这就是网民生活样态的范式化过程。任何一个网民，他的生活样态其实是自主的，而且是随意的，你上网大多是自主地去上网，你上网走到哪里、把它连接到哪里，其实是很随机的，这种随机的东西指的是你单个的个人。但是，众多的随机性，因为我们是工科高校，讲这个好理解，工科高校的文科一般会学一些工科的方法论。我这个观点给纯文科的学生讲很费劲，它涉及工科的复杂系统论等基本的东西。也就是说，当我们很多很多个，本来是随机的东西汇集到一起的时候，它其实能够在这种随机的过程当中形成一些规则性的东西，这也是为什么西方的网络自由主义说不用政府管的一个原因。

但是，这只是微观的形态。一会儿我再讲宏观的时候，我会说，这个东西我们应该尊重，但是它可能还有政府规制的另一个合理性在里面。那么从网民的各种随机生成的规则，它应该是网络治理的最内在的基础，也就是说，任何政府的规制不应该不尊重这个内在的规定性。我们的发展，很多过程没有尊重这种内在的规定性，就像我们没有尊重市场规律一样。而且从一定意义上说，不同网民生活样态的交互融合和范式化，实际上本身是网络秩序的生成与演化机制，这是一种微观表现，不知不觉而形成了网络秩序。

再讲宏观，为什么要谈这个呢？我们讲微观的时候，它是一种很随机的过程，很巧妙的是，这个随机的过程产生了一系列似乎是不随机的规则。西方有一种新的社会学研究方法，不知道咱们做没做。过去我们讲田野、搞社会调查，这是社会学传统，但是西方新的方法，是在实验室里面，搞社会仿真的方法。哈尔滨工业大学社会学、计算机系的老师，会围绕一些话题在一起开会。北京工业大学计算机专业也挺强，据我所知计算机领域有很多院士在做这个东西，叫作社会计算。那么社会计算，实际上在相当大的程度上，就是网络的合作关系和人际关系。其实他们西方大概不完全是网络，不完全是社会计算，通过实验室已经模拟出来了很多的规则是如何产生的，比如说市场经济的规则。市场经济的规则到底是怎么样产生的，他们通过计算机模拟就能模拟出来。

另外一个，人到底有没有利他性？西方有一种观点说人都是自私的。但是在承认人都是自私的前提之下，能不能产生利他性？经过计算机模拟之后，我们觉得人虽然都是自私的，但是这种利他性也能够产生。那么这样的话，有一个很重要的课题和我们社会学相契合，就是网络合作关系。我们说在现实生活当中，合作关系很重要，那么网络条件下的合作关系也很重要。网络合作关系的模式化，以及这种模式的维持，其实是一个网络治理问题。从道理上讲，虚拟行为不是网络和人之间简单的结合，而要依托一个组织单元。这是我的一篇文章里面提出来的一个思想，就是说网络不是没有组织化的，它有一个基本的组织单元，这个组织单元类似于我们现实中家庭的地位，这个组织单元就是我们常说的"群"。你看，我们在网里面生活，往往都是在群里面，所以群在网络中的地位和家庭在现实中的地位是差不多的。它是一个基本的组织单元，虚拟社会的发展都依托这个群，所以群已经成为互联网治理的一种机制性的构建。

我最近写了一篇文章没来得及放在这个 PPT 里面。我觉得互联网里面，有几个基本的机制：一是网络表达机制，大家知道，网络社会最基本的合作模式，是通过"说"这个"表达性"机制来实现的。二是网络生活机制，网络生活是一种数字化生存，其日常生活样态，是以"群"这个"生活性"机制来支撑的。三是网络生产机制，当代社会的合作模式，是通过"分工"这个"生产性"机制得以实现的。所谓的"互联网＋"，实质上是网络超有机体固有的一种新型生产机制。显然，这些合作机制属于网络超有机体最基础的功能发挥，已经超越了个别研究的界域，呈现出某种机制上的统领属性。这是我最近的想法，没来得及放到 PPT 里面去，但是不管怎么样有了这个群，其实就有了一个网民之间共同合作的共同体。那么这样的话，它的互动结构，以及互动过程中的规则，就是一种模式化的网络合作关系，而这种模式化的网络合作关系，其实是网络治理要形成和维持的。一定的网络管理的理念，它是倾向于形成一种特定的群的网络合作关系。那么一旦形成之后还要想办法，比如会通过立法等办法去维持这种关系状态。

这个问题和前面讲的是一样的，是一个从混沌到有序的过程。有一本书叫整体性哲学，是从哲学层面讲这个道理。从这样一个角度讲，其实海量的网络行为有一个不可表达的东西，就是自动地"凸显"出一种意料之外的整体效应，"凸显"出来的这个整体效应叫作不可预知效应。谁也想不到"凸显"出来的是什么，但是到一定程度它就"凸显"出来了，一旦"凸显"出来它就是网民合作关系的一种结构。我刚才讲微观的时候说到，其实网络无政府主义是有道理的，为什么？因为网络自己确实能够形成规则。但是讲到这里我们多多少少会感觉到，政府规制也是有一定道理的。为什么有一定道理？既然是合作关系就超出了一己的范围，不是一个一己之私的范围。个人的事情不涉及别人，政府就不会加以规范。但是合作关系有很强的外部性，所以这种东西虽然能够在网络中"凸显"出来，但是必须要经过合法化的过程。这个东西突然涌现出来了，比如说微信这样的合作关系涌现出来了，比如说余额宝这样的合作关系涌现出来了，它到底是不是合法的？它当然会争取自己的合法性，但是合法化过程当中政府会提出修正，比如专车，对出租行业是一个冲击，这是"互联网＋"的问题，现在"凸显"出来了，政府又不能说完全否定它，但是政府又要规制它，怎么办？现在政府正在搞专车的管理条例，草稿我们已经看到了，现在正在征求意见。我们可能不太感兴趣，好多专车司机感兴趣的，有些专车司机想如果这样我就不参与了。这里面的核心问题，是援用出租车管理思维，还是运用"互联网＋"的思维，这对政府是一个考验。

经过这样的现实合法化过程，其实是虚拟社会回过头得到现实社会的认可。从规制的角度讲，网络有些东西可能不需要现实的认可，比如伦理方面的东西，网络形成一个伦理就是伦理了。但是有些外部性很强的东西，如余额宝或者专车等问题，一定会回到现实当中寻求它的合法性这个时候就提出来规制的问题。

第三个观点，我们说网络治理有一个历史形态，就是自由与秩序的新平衡。现在很多大学生也很推崇，比如说古希腊的自由，但是其实，你仔细分析一下，任何一个自由，都是以一个特定的秩序为前提的。很多历史名人也说过，自由是在一个秩序前提之下的自由。分析古希腊的自由你会发现，其实它是一部分人的自由，也就是说，当这些人被称为公民的时候，他有极大的自由，但是实际上有些人不被列到公民之列，因此没有这个自由，因此它只是那个历史形态的自由。同样的道理，到了农业社会，有农业社会形态的自由，工业社会有工业形态的自由。但是这个自由与秩序的关系其实仍然是工业条件下的，到了网络时代或者信息化时代，其实还有一种自由与秩序的网络化时代的表现形式，那么这种网络化时代的表现形式，也是考察社会治理的一个方面。网络社会治理要做什么？其实还是要寻找自由与秩序的网络态形式，我们要再一次取得自由与秩序的平衡。

我们说，工业时代的自由与秩序的平衡其实被网络打断了，我们现在要再一次取得平衡。所以后面我要讲，这要求我们不仅要在虚拟社会的语境中理解社会治理问题，而且要在第三次工业革命新的历史条件下去寻找自由与秩序的时代坐标。现在讲大数据和第三代工业革命，大家都知道，人类历史上，有三个基本的生产方式。第一个是福特生产方式，马克思描写的基本上是福特生产方式的代表。第二个生产方式是丰田生产方式，这是一种智能的生产方式，你到丰田汽车厂去看，没有多少人的，是智能化很高的生产方式。第三次工业革命带来的第三个生产方式，你们有些同学可能知道，叫作温特尔生产方式，也叫温特尔主义（Wintelism）是由 Windows和 Intel 两个词合起来的。这个没有细讲，我们现在所熟悉的自由与秩序的关系形态都是福特生产方式和丰田生产方式下的。现在人类的生产方式已经跨越到了温特尔生产方式，那么在温特尔生产方式的条件下，自由和秩序新的坐标在哪里？这也是非常深层次的问题，我倒是希望大家重视这个话题。我认识到这个话题的时候，大概是在五六年以前，我让我的一个博士生去查资料，他说中文谈这个问题就只找到十几条，现在可能多了。这个问题很理论，但是很重要。我们只有从这么深的一个程度上去理解网络治理，我觉得才够，否则的话就只是说"管不管""怎么管"，恐怕还不行。

现在，我开始讲第二个问题，谈网络治理的正当性与合理性。首先要讨论的题目，政府是否具有网络规制的正当性？西方第一代网络理论强烈反对政府规制的正当性，当然我们现在理解了，因为第一代网络理论是在WEB1.0技术条件下，有一个东西是相对独立的，那么这个相对独立，大家知道有一个英语单词叫作Cyberspace，有人翻译成网络空间、赛博空间、电子空间等。强烈地抵制政府的规制，基本上是在Cyberspace这个前提之下，也就是在WEB1.0环境之下，确实能够形成一个相对于现实隔离开的，有一种区隔的，这样的一个Cyberspace。在这个Cyberspace里面，当然我们可以去反对政府的规制。但是你会发现WEB2.0技术已经从根本上打破现实与虚拟的区隔，所以在西方才出现了所谓的第二代网络理论。WEB2.0技术的代表就是微信，或者国外的推特，当WEB2.0的技术已经打破了这种区隔的时候，那政府规制的正当性就出来了。我个人觉得，确实在WEB1.0的情况下，政府规制的正当性有问题，但是现在2.0，包括将来会有3.0、4.0，正当性就出来了。第一个正当性，网络社会是风险社会。互联网是一个高技术集成物，而对高技术及其社会效应的预判和规制不仅是当下"风险社会"最紧要的事情，而且对人类社会的未来走向至关重要，克隆技术如此、纳米技术如此，网络技术更是如此。国际上曾经开过一次会，谈论的主题是什么？是互联网能不能像我们看的美国大片《终结者》那样成为独立于人类的巨大系统。这个问题是科学家先想到的，我们看终结者把一个人和一个机器人合起来之后，任何一个人类个体都战胜不了他，如果网络按照现在这样的速度去发展，网络就成为一个巨大的终结者，因为它自己有智能了。而一旦有一天它站到人类的对立面去，会出现什么样的问题？从这个角度讲，这种高技术的集成是需要规制的，这是第一个正当性。

第二个正当性，网络是多主体的交互平台，因此它已经超出一己之私，涉及公共利益和社会秩序。凡是涉及公共利益和社会秩序都有政府规制的正当性，在座有没有读法学的，读法学的同学应该很清楚这个观点。只要这个东西涉及公共利益和社会秩序，政府来规制就具有正当性，否则就没有正当性。

第三个正当性，网络有外部性，它的外部性很大。因为它能够对整个生活造成直接的影响，因此政府规制一定程度上是有正当性的。那么有正当性，不一定就是权力无限大，你还是要考虑合理性，你虽然有正当性，权力无限大了也不行。我们习近平主席不是要把权力关进制度的笼子里吗？将来说网络规制有正当性的同时，也要讲把网络治理的权力怎样关在笼子里。

所以，我们要探讨的第二个题目是，网络治理到底有没有边界。根据前面我讲的，大家已经看出来，网络治理至少有三个边界。一个边界是Cyberspace。尽管WEB2.0在一定程度上打破了虚拟社会和现实社会的区隔，但是Cyberspace还是存在的，只不过边界不像过去那么清晰，那客观上大概是存在的。那么这个Cyberspace的边界，也就是说网络空间的边界，凡是网络无政府主义的人都要保护这个边界。根据刚才我讲的，我们还是要尊重这样一个东西，因为在Cyberspace内部，确实能够内在地形成一些规则，而这些规则的外部性又很小，它只是在Cyberspace内部起作用。因此，凡是这一类的问题，我们都应该尊重网络无政府主义的观点，也就是说政府应该不去干预，这是第一个边界。

第二个边界是网络社会。狭义的网络社会被称为Cybersociety，其实我们还有一个广义的网络社会概念Network Society。广义网络社会，其实是网络条件下的现实社会，当这个社会充满了网络，网络变成了人造神经系统，人类被这个神经系统笼罩之后就被网络化了，变成广义的网络社会。不是那个Cyberspace或者Cybersociety，而是Cyberspace。其实，这正是网络管制主义的行为逻辑，凡是网络管制主义者，从来不去说Cyberspace这个词，他说的都是大的网络社会。所以网络管制主义者，他强调的其实叫大网络主义，那么这种大的网络边界，他重点要规制什么呢？根据前面讲的，这种大的网络边界，谈网络治理既不是规制Cyberspace里面的事情，因为刚才讲那里面你本来可以不去管；也不是管现实社会的事情，因为现实社会有别人管。那么，大的网络社会要管的是什么？我把它叫作虚实界面，就是现实社会和虚拟社会有一个交界的地方，有一个东西叫虚实界面，很多网络问题都是界面上的问题，这个是文科的说法。把理科中表面张力这个概念结合起来，就是实际上有一个虚实的界面，这个虚实的界面有很多表面张力，我们要处理的是这个界面的表面张力，这是第二个边界问题。

第三个边界，我们不得不说互联网有一个国际治理问题。习近平这次去和奥巴马会谈，这也是一个重要的问题。我们说网络问题，它既有跨国性，同时也体现国家意志，网络国际治理是第三个边界问题。它的核心是能不能建立一个主权公平但是又可以跨国使用的治理体系，你们接触过就会知道联合国开过几次会，并且成立了网络治理小组，已经开始研究网络跨国治理问题。

第三个要探讨的题目，谁是网络治理的权力主体。刚才讲到政府治理有正当性，那是不是政府是唯一的网络治理的权力主体呢？我们说可能不是，为什么呢？因为网络治理实际上是"我们"的治理，为什么？当代社会我们都是网民，它不是别人的治理，是"我们"的治理，而这个"我们"，不仅仅是政府，其实包括所有的相关者，比如说网民，比如说网络的团体，甚至包括不上网的现实的社会成员。那么因此，我们说网络治理权力主体应该具有多元性，而且各个主体之间应该有平等的地位。也就是说，任何主体都不应该有先验的价值霸权。没有价值霸权怎么去治理？每一个主体都只能与其他主体在协同发展的过程当中去显现自我成长的价值合理性，这样，多元权力主体之间以互联网为平台形成了一个协同一致的关系结构。这种多元权力主体其实是一种特定的关系结构。

第四个要探讨的题目，是一个重点话题，就是网络治理到底是不是存在国家与民族特色？我觉得是有的。我写过一篇关于网络治理民族特色问题的文章，发表在《哲学研究》上。我也是在写这篇文章的过程当中提出了"群"的概念，为什么我要提出"群"的概念？就是我们使用互联网的时候，不是作为"类"的人，而是作为一个具体的人，并且是"群"而聚之的。当我们用"群"这个概念分析互联网使用的时候，发现任何一个"群"都是地方民族元素富集的。以这样的分析为基础，你们马上就会想到人类学讲的地方性知识。实际上，网络的使用在一定程度上，包括网络的治理，既有通用国际的表述又有地方性的知识，那么这样的话，网络的生活范式和网络合作关系，其实是有地域和民族特色的。所以一个地方的网络治理可以不同于其他国家，可以有个性，但是一个国家网络治理不仅要具有国家特色而且要兼备世界禀赋，怎么样同时获得这两种元素是一个相当复杂的选择过程，这个过程怎么选择，我在文章里面也说了。

接下来简单说第三个问题，网络治理工具箱。网络治理我认为应该是有工具箱的，我梳理了一下，有12个工具箱，都在这张图里边，我就不多说了。

网民个人自律	虚拟社区规范	网络组织自律	网民心理辅导	网络舆情疏导	网事社会仲裁	网络道德规劝	网络技术政策	网络经济杠杆	网络即时监管	网络行政命令	网络法律规制
自愿性工具			疏解性工具			调节性工具			规制性工具		

低 ——————————→ 高
政府介入程度

图1　网络治理工具箱

大家看这张图，根据政府的介入程度，就是越往右侧政府的介入程度应该越高，越往左侧越低。自愿性、疏解性、调解性、规制性，每一类放三个具体的工具，一共有12个工具。其实还可以放24个工具，把国外的治理工具梳理一下放进去都可以。根据这张图，我们不一定去选择政府介入程度很高的工具，我们其实也可以选择政府介入程度很低的工具，就看你怎么选择，这里有一个政府定位的问题。

具体哪个工具什么样就不说了，每个工具都有其自身特点和适用范围。我要重点说一说，我们国内工具的缺陷。疏解性的东西第一个就是网民的心理辅导，我们实际上现在还没有把它认真作为一个事情来做。第二个，我们现在有了事情找法院，其实网事不一定要找法院，可以找社会仲裁机构。一旦建立起社会仲裁机构之后，只有那些很难的事情才去找法院，而很多大量的其他事情可以通过仲裁的机制去解决。

现在，我重点谈第四个问题，怎么进行虚实相宜的网络治理创新。第一是对"互联网+"社会治理的嵌入式理解。为什么提这个话题？现在"互联网+"社会治理，尤其对我们这个专业说得比较多了。但是现在绝大多数说"互联网+"的，都是站在社会本位的立场上，仅仅把网络看作社会利用的一个工具，这个时候就不能深刻看到"互联网+"社会治理是一个什么东西。不站在这个社会本位的立场上，应该站在什么立场上？我觉得应该对"互联网+"社会治理有一个嵌入式的理解。这种嵌入式的理解，至少会说互联网和社会已经相互嵌入了，相互嵌入之后形成耦合的关系。站在这样一种立场上，我们再来看"互联网+"社会治理是什么？就是现实的社会治理应该契合网络化逻辑的历史化新形态，社会治理发展到现在是一种契合网络化逻辑的历史性的新常态，是历史起点的新常态。网络治理应该是特定社会治理体系的重要构成，我们国家的社会治理，不是简单的现实社会治理，网络治理也应该是其重要的构成，这样就有一种嵌入式的理解。基于这种嵌入式的理解，我提出来一个观点：网络治理的关键点在哪里？在于能否以互联网这样一个工具的内在规定为基础，成功构建起与网络文明相适应的社会治理机制。那么如何实现我们的社会治理模式与时俱进，这是第一个社会治理创新的问题。

第二是发挥"互联网+"再组织化的正功能。首先从理论上说，我们现实的社会，也可以叫常态的工业社会，常态的工业社会是一种什么样的逻辑呢？它实际上是一种组织化的逻辑，刚才我提到了社会分工，那么自从有了社会分工之后，其实社会组织就变成了社会分工当中的发起者、策划者和行动者，而且社会组织相当程度决定了状态过程和发展方向。但是网络出现后，我们发现互联网对现实社会有一个再组织化的功能。北京有一个很大的社区叫回龙观，你们知道那里外地人多，好像北方人特别多，大家都不认识，一开始基层的社区也没有多少组织能力，但是后来发现回龙观自组织能力特别强，一点点地就形成很多个民间的组织，而且民间组织发挥的作用特别大，组织的活动也特别多。

我的一个学生到那里，大概去了好长时间，再后来发现，其实互联网对地方社会有一种再组织功能。地方社会本来有一种常态组织化的形式，但是互联网嵌入后有一个对常态社会重新再组织化的功能，这是通过回龙观这件事情发现的。但是这个问题可能已经不是回龙观的问题了。站在社会治理创新的角度，我们认为，"互联网＋"再组织化，应该是今后一段时间社会变革的一个启动器。你们知道社会变革很多是组织模式的变化，以及不同的组织模式之下这种分层结构的变化，那么"互联网＋"再组织化应该是一个启动器，未来的模式有可能通过"互联网＋"产生变化。我们认为，"互联网＋"其实有正功能也有负功能，那么这个时候，从社会治理角度讲，能不能把握住"互联网＋"再组织化的大方向和正功能，就是一个非常关键的问题。当然站在不同的立场不一样，你站你的角度分析微信的再组织功能可能觉得它没有什么负功能，但是要站在政府的立场上，负功能就太多了。你想一想微信，要站在政府的角度上，是不是负功能太多了？应该说，它确实有正功能，但其实也有负功能。你仔细深入想一下，其实好多东西都有，站在社会治理的角度，能不能把握这个东西其实很重要。

第三是治理方式与网络技术换代同步转型。我们说，治理方式肯定是要转型的，那么这个治理方式的转型，应该是与网络技术换代同步进行的。你能不能创造一种，或者能不能建构起一种和网络的更新换代同步的治理方式转型的机制，这是网络能不能治理好的一个非常重要的基础。这也就是刚才一开始我讲的，WEB1.0技术还不算太成熟之前，互联网的管理主要是计算机犯罪问题，那个时候，早期互联网管理，基本上表现为计算机犯罪问题，这算是第一个阶段。那个时候还没有现在这个意义上的网络治理问题。

但是当WEB1.0技术确立了它地位的时候，尤其我们中国，就面临一个"怎么管"的问题。WEB1.0技术是以联为主的信息系统，以信息传递为世代特征，这个世代是爹和儿子的关系，就是WEB1.0技术的代际特征是信息传递。要想管好WEB1.0的网，政府怎么管这个网，只有一个办法，只有抓住信息传播的节点，是什么？就是网站。因此WEB1.0时代网络治理的一个唯一抓手就是网站，我进一步告诉大家，我们国家的网络管理体制就是这个管理体制。我们国家的管理体制是什么？也就是到目前为止，我们国家网络管理体制其实是根据WEB1.0技术建立起来的，抓网站的。WEB1.0技术之下，我们管网，政府也很满意的，确实管起来了。不管有"五毛"问题还是什么问题，确实管起来了。但是为什么现在就不能管了？不是不能管了，是管不了了。

那么，WEB2.0技术实现了从联到互的转换，出现这样一个世代转换之后，它不再是围绕着网站建立虚拟关系，而是围绕着现实关系去扩展虚拟关系。你想微信是不是这样，围绕现在的一个现实关系，然后再在这个基础上去扩展关系，而且微信的传递，是私密的。目前，微信的传递方式，我可以明确地说，如果说国家想去检查微信的内容又不违反法律的话，政府是很难做到的。但是我们又说依法治国，所以现在很难，将来也肯定要依法治国，依法治网。但是在目前的法律情况下，微信是监管不了的。实际上，微信代表了WEB2.0技术，我们在WEB1.0基础之上建立起来的国家网络管理体制其实已经不能对WEB2.0条件的互联网进行管理了。现在，我们国家网络治理的问题，其实都集成在这，就是说我们的管理理念是1.0的，我们的管理手段是1.0的，我们并没有建立起2.0的理念和2.0的手段。当然，2.0的手段和依法治国里面那些硬的东西是要去创造的，这是非常重要的网络治理创新问题。

其实每个国家都在针对网络新的应用理念（即2.0的），进行网络的跃升和转型，马上出现3.0和4.0技术，会面临更加严峻的考验。那么，我国如何加快网络治理方式步伐，这个是我给起的名字，叫作"去WEB1.0化"。首先在政府治理机制上，要去1.0化，去 1.0 化怎么办？要尽快构建一个治理方式与网络技术同步跃升的机制，这是一个关键而迫切的网络治理创新问题。不仅仅要构建一个 WEB2.0 条件下的，而且要构建一个和网络技术转型换代同步跃升的联动机制，可能未来是这样的一个问题。

第四是促进网络"群"伦理的建设。我写的文章用得比较多的概念就是群，因此还是要讲加强群伦理建设的。我们说的群伦理，它其实是一个规则集，它有狭义的和广义的理解。狭义的群伦理，就是一个具体的群的管理规则，它表现位线上的虚拟社会的伦理规则基准，每一个社区都有强制性和非强制性的两类规则。我更看重广义的群伦理，有两个方面，第一个是用以约束全体网民的伦理规则，为什么用以约束全体网民的伦理规则是一个广义的群伦理呢？因为全体网民是最大的网民之群，而这个群伦理规则是具有最大公约数的行为准则。但是问题是你能不能找到，能否得到所有网民的认可，这是另一个问题，一定要有一个能代表着最大公约数的全体网民的群伦理；第二个是用以约束网络组织的伦理规则，就是组织化的网民，包括网络社会组织、网络企业这样的中层伦理规则，这个也很重要。

第五是释放大数据的治理红利。我们知道大数据红利成为热门话题，沿着这个话题思考大数据，应该是有治理红利的，把治理红利找到释放出来，可能是网络治理创新的一个非常重要的内容。为此，一要挖掘大数据的治理内涵，大数据里面是有治理内涵的。二要由大数据驱动社会治理创新。三要发现大数据的关联结构。特别是有一句话，大数据不仅意味着海量多样迅速的数据处理，更是一种颠覆的思维方式，一项智慧工具，一场创新的治理变革。

举两个例子，一个是美国警务模式的创新：美国有一个警局用大数据技术，你们知道的，每个网民上网的数据警局能看到的，我们国家也能看到，除了微信等个别地方，你在网上所有的轨迹它是能看到的。一个社区的警局就意味着能看到所有网民的轨迹，美国的某个警局找高校的学者给它搞了一个数学模型，这个数学模型把它所在的社区分成各种人物，然后给他们赋予危险等级，主要两种，一种受害的危险等级，有可能被别人迫害；一种加害的危险等级。不管受害的危险等级还是加害的危险等级，达到一定程度的时候，给达到一定程度的两类对象发邮件，比如受害的危害等级达到一定等级你最近要注意有哪些危险，比如加害者的危险等级达到一定等级就加已提醒，你是不是最近在商量什么事情，不要违法。那么就是说这个大数据，对于降低犯罪率效果特别好。

第二个大数据系统。你们知道现在从社会学的角度，养老的问题比较严重，那么国外出现了一个，按照我们的说法应该叫作智慧型的养老模式，就是把社会的养老资源和老年人的需求进行必要的匹配，然后利用大数据模型进行配对和趋势的预测。这也是国外的一个成功的经验。如果说还有第三个，就是关于流行病的预测。你们知道，美国是定期发布流行病预测的，但是人们都觉得美国流行病的预测，就是官方发布的流行病预测比较慢、比较滞后，往往这个东西已经出现了，它才发布出来。那么现在有一个学术机构，它现在用大数据的模型，非常及时的，随时发布流行病可能的趋势，据说比美国官方的流行病预测要准很多，也要提前很多。像这样一些东西，都会带来社会治理一些颠覆性的革命。

最后，这个很重要，要加快法治网络建设。我这两天在思考，法治中国一体建设，涉及网络治理，实际上是法治网络建设。法治中国一体建设有三个方面，法治政府建设、法治社会建设、法治国家建设，我把它加上法治网络建设。我最近写一个东西，差不多写了一万字了，我把后面拿出来，前面一些理论性的东西。这里面有一个法益的概念，什么叫法益？任何法律都要保护一定的利益，法律保护的利益就叫作法益，法益是社会的选择，这个社会选择保护哪部分利益是社会的法益。在网络上的核心法益，就是网络使用权、信息权和大数据权，但是除了核心法益之外，还有我把它叫作"涉网络法益"，是写这篇文章时我自己造的词，是什么呢？其实就是现在很多罪名，比如说盗窃，比如说诈骗，是现在的法律管的，但是它的作案手段又是互联网，所以人们又把它叫网络犯罪。这样的话就应该把现实的这些刑法的东西，包括民法的东西，给它转换成能够适应于网络的东西，所以我就说了一个当务之急，当务之急要进行转换，对现实法律条文进行网络调适和文本对接，这是一个。第二个是专门的法律创制工作，就是专门的网络法律创制工作；第三是抓紧时间制定"互联网+"的法律，现在"互联网+"太缺法律了。

交流环节

主持人：非常感谢何老师精彩的讲座，我觉得有些东西是特别抽象和概念化的，但是我觉得意义特别重大，我们还是掌声感谢何老师。

发　言：我是中科院过来的。

何明升：刚才我讲的复杂性什么的，你都懂。

发　言：我学的是人工智能，方向是智能信息化处理，但是自动化所的那些人，让我搞这个，我比较熟悉。

主持人：我感兴趣在哪里？刚才您讲的社会仿真研究，我比较困惑，社会学在里面能干点啥？

何明升：最早的研究在美国，叫"糖模型"，吃的那个糖。这个"糖模型"怎么研究的？研究者假设每个人都是自私的，这个在西方并不认为是一个坏事情，那么每个人都是自私的，但是这个世界的物资又是有限的，那不能无限地供给，怎么办？在一个供给有限的条件之下，每个人又是自私的，这个社会将发生什么呢？所以他就搞了一个模型，设定这个模型里面有一部分资源，他叫作"糖"。"糖"其实就是养活人的食物，然后他又把这个模型里面放进了很多人，这个人就把他叫作 Agent，就是代理人的意思。无数个 Agent 在抢夺这个糖，你能够抢到这个糖就活下去，抢不到就死了。这和人类一样，抢到者能力就强，成长就快，抢不到这个人就不行。然后，计算机模型弄完之后让它运转，看看这个社会到底会发生什么。经过一个时间的运转之后，会发现，Agent 和 Agent 之间有合作行为，利他性就出来了。为什么有合作行为？因为一个人单打独斗抢这个糖有可能抢不到，怎么办，其实程序没让他们两个人合作，但是 Agent 有学习能力，抢糖过程当中想到我们合作才好，才出现合作行为。模型出来要写论文和总结，最后写总结的时候他就写，利他性，其实还是建立在人的自私规定性基础之上的，不要觉得好像人自私了就没有利他性，因为利他对个人还是有好处的。但是不管怎么样，人类是可以产生利他性的，而且人类是可以产生合作行为的，这是一个非常重要的结论。

还有第二个结论，关于西方经济学讲的类似于边际效益这样的一些东西，在这类研究里面都出现了，最终会发现，类似于什么边际效益下降等等这样的一些东西，一些基本的市场规律，包括一些基本的市场规则都能够看到，这些都是早期的研究，最著名的就是"糖模型"。

现在是一种什么情况？大概有两种东西可以借鉴，一种是一些固定的软件，有点像我们 SPSS，你去买，买完了之后拿回来用就可以，你自己还可以想一个模型去弄，然后去发表论文。这类论文在美国的社会学杂志上也少，并不是主流，这个方面的文章其实也不多，但是有人发表这个方面的文章，而且他们有协会，英国有一部分社会学家也在做。据我知道，软件大概六七万美元，在国外能找到，实际是仿真软件。第二种情况，如果你没有条件买这个模型，国外有一个开放的平台。应该是在美国，有一个圣菲研究所，创建于1984年的圣菲研究所（The Santa Fe Institute，SFI）主要致力于复杂系统科学，致力于构建"没有围墙的研究所"，提倡综合学科研究方法，专门研究涉及复杂相互作用的问题。研究所给了你一个接口，你上到研究所的网站之后，就有点像中国人民大学搞的基础调查，说我用你的哪道题可以免费让你用，它那个也是，你说我要研究一个什么问题，然后我想用你的平台，那个平台有很强大的一个计算功能，比软件还要强大，而且不断更新。你说清楚之后它会允许你，给一个密码允许你用它的平台。但是这个问题就在那，包括软件也是这样，就是那些一般性的东西，怎么变成适合你的研究对象和研究课题。这个过程，可以简单地把它理解为建立模型的过程，但还不是这么简单，如果就是建立模型的过程，可能模型建立完了就完了。他还有一个基本的数据库的建立，就是里面的这些 Agent，它们在做决策的时候，总有一些参考的规则，那么参考的规则就是数据库。这个数据库是你运作之前要建的，这个模型运作起来很快，其实我们做实证调查也是这样，最后很快，就是前面各种准备工作很慢，大体上是这样一个东西。

主持人：今年我们接了一个活，神州数码想搞"智慧城市"这么一个东西，他就找到了我们这边的机电学院，他们是搞信息控制的。然后他们说那智慧城市离不开人，所以他们找了我，我带了一拨研究生、信息员，讲人的全数据全信息，找了一两百个点，性别、年龄、消费，乱七八糟一些点找完，刚开始和我们关注问题特别接近，但是完了以后不知道该怎么干，他们也不知道该怎么干。

发　言：是集成公司不是开发公司。

主持人：但是说这个项目有政府背景，类似刚才讲到社会治理的一些，也包括我们讲的特别多民生的这些非经济的数据表，弄完了以后我觉得刚开始特别感兴趣，完了以后我也找不准自己的位置，感觉已经到了深一点的技术层面。

何明升：还是大数据计算的问题。刚才他说得对，大数据现在有三个重点，一个重点它已经不去强调因果关系了，就是说，传统的实证调查一定要找因果关系，各种模型无非要找因果关系。

发　言：前期都要有假设的，大数据不需要的。

何明升：大数据第一个观点不追求因果关系，甚至一定程度上不承认因果关系，那么它找的是什么关系？它找的是伴随关系，所谓伴随关系就是我也算不出它的相关性，甚至理论分析也出不来。因为你这个实证调查在理论上一定要分析因果可能才去算。我们说实证调查经常有一个弊端，风马牛不相及的也能算出相关系数，而大数据恰恰喜欢这个，看起来风马牛不相及的东西我就要算相关系数，因为要找伴随关系。伴随关系一旦找到之后，虽然理论上没有任何相关性，但是它出现的概率就很大，那大数据就找到了一个结论。大数据主要的思路就在这里，只要找到伴随关系，我就能够用于预测。这个我记得美国警察好像做了一个关于移民犯罪率，还有一个什么的研究，就是他们找到了各种伴随关系，然后通过这种伴随关系再去制定减少犯罪率的测试。据说很有效，因为他们不去找因果关系，所以这样的话，可能就去找一些能够算伴随关系的模型，关于这个模型据我知道，如果找参考书，有一本书叫作小世界理论与方法还是叫什么，要不就是叫社会物理学方法，里面给了好多现成的东西。

发　言：国内也有人在做，那个书我看过，觉得一般。

主持人：有点像专题内容。

发　言：他其实没有什么社会学背景。

何明升：据说美国的原版里面有一些针对大数据的功能，但是我们引进来的时候可能觉得不太好用，我们觉得那个东西没有用，可能是因为我们看不到，但是据说原版的里面有一些东西。

主持人：我觉得今天好多东西还是非常好，应该深入思考，原来有一些，您讲的更多哲学层面的。

何明升：偏理论比较多一点。

发　言：比较前卫。

何明升：我原来给《哲学研究》写了一些东西，养成了习惯，所以什么东西都愿意抽象地去考虑，所以还是偏理论一点。

主持人：我突然想起，原来我们这有一个老师是物理系的，他研究的就叫作物理社会学，其实也曾经请他来讲过一次讲座，他纯粹从物理的角度看社会学，我觉得也是一种碰撞。

发　言：就是把物理世界，本来不是一个真实的世界，把它想成物理学的理解方式，定律。

何明升：哈工大学计算机的两个人在做，做我们的微博和微信，我们做不出来，因为没有他们的基础。

发　言：我们和腾讯研究院的人有合作，他们有数据但是不会做，他们找搞社会学的人，首先有一些技术底子。

何明升：计算机学者有时会把社会学者找去给他们讲讲理论，但是讲完之后成果还是他们的，我们就是讲一讲。

主持人：现在找得挺多的。

何明升：说话得有一个共同点。

主持人：说了半天，我现在和交通学院能够往下做也是因为大数据，北京有一个平台，据说上面有几百万的数据，但是交通学院这边，几百万的数据和它没有关联起来。

何明升：你可以找机会找一下浙江大学的人，浙江大学的博士生重点做大数据，因为有阿里巴巴做后盾。所以他们最近几年的博士，许多人都在做这个，就是大数据，都是关于电子商务的东西，但是方法其实都是一样的，你不管算什么方法是一样的。

发　言：包括腾讯的 QQ 数据，如果申请也可以找到，问题是不知道干嘛，这才是问题。但是你要跟他说，说不清楚，包括今天何老师提的网络治理的问题。我和腾讯研究院的人简单聊了聊，网信办和他们成立了大办公室，有30多人，他们也在挠头这个问题。既然是网信办，针对的主要是网络的问题，除了产业发展核心还是治理问题，他们抓的是BAT这个方面。其实网络治理很多问题针对的主要的，就是抓企业没有错，但是网民这一块，其实现在还是政治陷阱。

何明升： 他们看网民，基本上是看作一个意识形态问题。

发 言： 感觉政府在使劲，抓手还是老办法。但是我也有不同观点，对你提到的网络治理创新概念，我也在做社会创新，一直在说创新，创新我觉得一定是违法的。否则谈不上新，而且这个社会客观地讲，没有什么值得你创新的地方，因为社会已经发展到后工业化这个时代了。

何明升： 可能有一个对创新概念的理解问题。

主持人： 我的理解是，比如一种技术进来以后，它把原来的一种模式改变了，这是一种。

发 言： 我的想法是技术适应社会，还是技术引导社会，这是两个问题。

主持人： 我觉得应该是一种引导，包括我们今天的生活方式，我们也被互联网给重新塑造了，这是一种方式。

何明升： 比如最近推出的，马上就公布了，就是《国家网络安全法》还是《信息安全法》。马上就要公布了，现在正在征求意见，这个东西就是创新，原来没有这个。现在《电子商务法》也在征求意见，也需要创新。

发　言：已经有了，不叫创新是抄袭，韩国也有，它在摘条文。

主持人：刚才讲全面主体"我们"，如果放在现实社会也是"我们"，它讲到党委、政府。这个网络里面，事实上我在想，有一个问题跟您探讨，有时候我跟他都是"我们"，但是好像……

何明升：权重不一样，他权重大，你权重小。同样是你，在另一个体制下，你的权重可能就大了一点。

主持人：这个博弈怎么达到权力主体的形成？

何明升：是渐进的过程。有些东西，以前不能讨论，现在可以讨论了。这种事情不能各说各的话，但是在一个共同的话语体系里面怎么去说？因为你现在得尊重现实，在现实情况下再讨论怎么去说。说的过程就是进步，包括我刚才说的，关于微信的监管，到底怎么弄，按传统的弄法我们就违法了，不按照那个弄我们怎么弄，所以要研究不违法的情况下怎么弄。

主持人：网络的问题需要大家以后多投入、多参与。

何明升：按照他的观点是这样。你也可以管，但是你管不了，管不了最后不得不服从网络的规律，最后网络引导了我们，最终就是这个结果。像他说的这个观点很多的。

发　言：前两年去美国谈的最多的就是网络问题，双方要建立网络规则。凭什么你们俩？很多国家在问。一个说我掌握服务器，一个说我网民最多，最后想想根本就是一个事，最后还是谁掌握服务器谁说了算。

何明升：现在国际治理问题谁和美国都谈不了，为什么呢？因为美国坚持说我就是老大，所以规则我制定，其他国家说我要有国家主权。所以实际上根本的国际治理问题在这，美国讲，你要遵守我的规则，我的规则是什么呢？其实美国人也是这样，不是说一定要说了算，它是通过代码来说了算的，它要把美国人的想法变成计算机的代码。比如我们上网有工具，比如你上推特用它的工具一定要遵守他的规则，它的规则最早还是人的规则，它通过计算机的代码，把人的规则变成了代码，然后这个代码一旦成立了就不可能转变了，所以也是美国人写的一个东西。就是说，网络治理有四个因素在起作用，一个因素是政府，一个因素是市场，一个因素是伦理，因为前面的这几个因素现实中都有了，第四个就是代码，是现实社会当中没有的因素。然后他说了一句话，代码就是法律，计算机世界里面代码就是法律。我发明这个东西，微信这个工具是我发明的，那这个代码就是我写的，你只要用这个就得遵守我这个，所以结论就是代码就是法律。但是他也讲，比如说电子商务的代码，最后还是商务规则，谁写的代码就符合谁头脑中的规则。

发　言：我认识的一个人刚从美国回来，在斯坦福待了一年，他感觉美国人做派有点像日本人，不是找数据，而是抓数据。前一段我做红包的研究，群里面红包抓起来数据一分析也挺好玩，美国人做这种类似的事情。他是搞社会学的，关注网络群体的这些东西，如果引申也是网络治理的一种方式。

何明升：我们现在习惯于找数据，确实有关系也方便，但是实际上你在高校里面找不到合适的东西就只能抓数据。像搜狐这类网站都是有接口的，这个接口向所有人开放，但是为什么中国的学者很难像美国学者那样研究问题，我们抓不出来，为什么？要懂得编程序，你通过编程序才能把这个抓出来。

主持人：今年我们买了一套软件，人民网的舆情分析软件，不知道怎么玩法，我不知道对我们的能力是不是一种挑战。

何明升：它那个抓数据和我说的抓数据不太一样。人民网我知道，它有强大的服务器，把每天网上能看到的信息，都存进来，可能这个帖子被删掉你已经看不到，但是它每时每刻都把它存起来，最后只要网上出现的东西服务器都有，然后变成一个数据库。你再去要什么的时候，它到自己数据库里面提，就是这样的思路。刚才我们俩说的抓数据是利用爬虫技术到原始的网里去抓。当然，人民网也是爬虫技术，它是爬自己的数据库，它有服务器。

发言二：它的团队特别强大，定价很贵，一年一百七，我们做的时候要三千八百块钱。

何明升：它可以一个报告两万块钱。

发言二：我和他们谈过，我们是社会学研究，做北京的，能不能把北京的给我们抓出来，他说要再商量给你们建一个库。

何明升： 我们也这样谈，也是 20 个关健词，就是你自己提出来 20 个关健词，他们根据这 20 个关健词在那个数据库里面给我们建一个库。然后凡是和这 20 个关健词有关的，你就都有了，以外就没有了。

发言二： 它有点市场化运行，问题就比较复杂了。

发　言： 这个技术都是很老的技术，十年前都有的技术。

何明升： 主要是算法的问题。

发　言： 十年前，北大给我们开发了一套数据清洗的软件，数据进来以后要洗一遍，我们像洗菜一样洗一遍。搞社会学做模型，模型做完数据不停往里灌，然后图表和报告会最后出，不是太复杂。

何明升： 人民网最后的报告，人为的东西也很少，基本上自动就出来了。

中国社会田野调查的可能性 *

佐佐木卫 **

主持人：首先向大家介绍一下，今天是陆学艺学术讲座的第十七讲，我们请到了日本神户大学的佐佐木卫教授。按照中国人的称呼方法就是佐教授。在很多中国学研究的日本社会学者当中，我觉得佐教授是非常优秀的一位，他的研究在日本的影响也非常大，包括现在，像很多关于中国社会的研究及社会学的学术研究活动，都会请到佐教授做报告。这次我们邀请佐教授，也是趁着他正在参加另外一个非常重要的学术研讨会。佐教授关于中国的研究，不仅仅是理论的研究，更多的是实践的研究和调查的研究。因为佐教授是社会人类学的专业出身，所以非常强调对调查资料的收集，这也符合日本学者对于社会科学研究的态度。

今天佐教授主要围绕在中国做的社会调查情况，来跟我们分享。我很期待佐教授的讲座，这个讲座将是非常有价值的，相信对于我

---

* 本讲为"陆学艺学术讲座"第十七讲，时间：2015 年 10 月 16 日，地址：北京工业大学人文楼 808。

** 佐佐木卫，日本神户大学，教授。

们很多社会学专业或者从事社会科学研究的老师和同学都是非常有帮助的，包括我本人，也能学习到很多的东西，也希望此次讲座成为一个学习和交流的机会。下面我们就欢迎佐教授做讲座。

佐佐木卫：大家好！非常感谢北京工业大学的邀请，也感谢李老师给我做讲座的机会。陆学艺教授大家都知道，我是1993年和陆学艺教授见面以后，一直保持朋友关系20多年，我从1997年到2000年在中国开展实地调查，都是托陆学艺教授的福。可以说，陆学艺教授是我中国研究的引路人！所以，今天能在这个地方，为大家做陆学艺学术讲座，对我来说是非常幸福的。谢谢！

我今天讲座的题目是"中国社会田野调查的可能性"。一般来说，研究者从事社会人类学的田野调查，一般要在调查当地待好多年，自己收集材料。但是研究中国现状对我们来讲就比较困难。为什么呢？比如那个十八里店地区，我自己做调查就很困难，但北京工业大学的团队就很熟悉，一定是北京工业大学团队来调查研究。所以这样的方法是一种共同研究的方法，社会学和社会人类学研究的基本方法是需要你自己去看、自己去记录经验事实的研究方法。

大家都知道，伦敦大学著名的社会人类学家马林诺夫斯基，他在1911年左右，去北部搞调查，最后写出一本非常好、非常有意思的书，书很厚，有500多页，这本书我读了好多遍，慢慢地理解了这本书的价值。书里提到田野调查需要注意的四个基本问题。第一个问题是集体的记录。他提出田野调查的第一根本理想是勾画社会

轮廓，对全部的文化现象做解析，从而确立研究法则和规律。第二
个问题是社会结构的概念化。马林诺夫斯基强调根据具体证据进行
资料统计的方法，以此对社会结构进行具体阐释。社会结构是概括
而成的理想化的构造，可以和其他的田野研究相比较，必须是可以
得到验证的。第三个问题是对实际生活的不可计量部分的记录。马
林诺夫斯基提出"要抱着去感知这些人如何生存、理解他们的幸福
究竟为何物的心情"，这些主观上难以计量的内容是不能缺乏的。对
田野良好的参与和在知识基础上所观察到的"实际生活的不可计量
部分"，成为深刻理解贯穿于集体记录中的文化的不可或缺的条件。
第四个问题是认识论的反思。马林诺夫斯基提到，我们最终的目的，
是要丰富我们自己看待世界的方式，并深化它，这成为理解我们自
身的行为方式，我们以此进行知识化和艺术化的提炼。在进行田野
调查及后期比较研究时，必须是可以研究且运用到这些提炼的概念
的，进而可以发现新的见解，可以不断扩展知识积累。这一点是非常
重要的，我们往往通过调查资料来做一个模型，比如说通过对十八里
店地区的调查来看北京郊区的具体的社会结构变动的过程。然后，可
以和青岛社会做比较，可以和美国社会做比较，从而期待对一个地方
的社会结构的深入理解，通过社会结构的概念发现新的知识。

以上就是概括的田野工作的四个问题，即"集体的记录""社会
结构的概念化""实际生活的不可计量部分"和"认识论的反思"。
这四点相互联系，成为决定田野工作质量的指标。但是，进行访谈

调查的时候，必须做相应的调整，如做和有关部门的联络、当地接待的准备，与那些支持研究的信息提供者和翻译人员进行协调等，这些为顺利实施研究而做的准备工作，决定了田野工作的质量。

我在研究的时候，一定要讨论这样的问题。开展一项研究的条件，经常受到一些偶然性因素的左右，比如研究计划的精度和研究者本身素质以外的情况，如是否能结识那些可以引导我们进入田野的优秀的信息提供者（引路人）等。就像陆学艺教授是我在中国做田野调查的引路人，如果没有他的支持，我的田野调查就会非常困难，所以有时候田野调查也存在较大的偶然性。

从集体的记录来看所提到的民族志，就近似于实地报道。在实地报道中，有那些到现在依然能激发新鲜活力的经典作品，例如以描绘农村集体化初期阶段的 Isabel and David Crook, *Revolution in a Chinese Village: Ten Mile Inn*（1959）为开始的 *Ten Mile Inn* 系列。这些实地报道在记录土地革命具体情形的同时，在对外宣传被"竹子面纱"所遮蔽的农村和农民生活方面受到较高评价。一般情况下，中国研究者的研究，多以对社会问题直接的、积极的参与为背景。费孝通被认为是中国社会学者中研究中国社会的开拓者。费孝通这种实践意义的志向，不仅是 1930~1940 年代中国研究者所共有的，在现在也有很强的一种倾向，即将此作为中国社会科学研究关怀的基本方针被继承下来。

社会结构的概念化的例子，可以举出 Maurice Freedman,

Lineage Organization in Southeastern China（1958）。弗里德曼用世系解读了副系出身的成员中的祖先祭祀、祠堂等设施、族谱、拥有共有财产的集团。世系集团在广东和福建发展得尤其显著，既可以作为中国社会结构的理想模型进行论证，还可以和其他地区进行比较研究，以获得新的发现。从这个意义上说，他所解释的世系结构被称为弗里德曼模型。

实际生活的不可计量部分，是杨懋春的 *A Chinese Village: Taitou, Shantung Province*（1945）。本书的特点是自己作为村里的一员，书的内容由直接观察的事物以及从身边的人们那里听到的事情而构成。具体记录了外人很难把握的一些问题，如宗族问题对抗意识，几乎由有声望的人一手掌握等。在这个村里生活的人们，例如取得些许回扣而招致村人的不满，掌握这样一些诀窍来处理工作的村长等，读者可以深刻感受到这些人物鲜明的形象。通常人无法获得自身不熟悉的生活体验，在这一点上，费孝通和林耀华他们是相同的，他们在欧美大学获得了人类学的学位，回国之后做自己的民族志研究，做了民族志的转换，即虽然所记录的是"另一侧"（非西欧），但能让那些对此知识贫乏的"这一侧"（西欧）的人们顺利理解。所以社会人类学是欧洲人做的，然后去非欧洲做的，做了民族志的转换，这是非常重要的。但并不是非本国研究者就无法对"实际生活的不可计量部分"进行深入记载。马林诺夫斯基的田野技术就能使人联想起人们的表情和内心状况。面对大型独木舟行驶的样子所发出的赞叹和热爱,面对巫术所拥有神力的虔诚、敬畏、危机等,这都源于马林诺夫斯基对田野的深入参与和观察,才会给读者那种"犹如置身于自家庭院"的感觉。

对于"认识论的反思",可以举出濑川昌久的《中国人的村落和宗族》(1991)。作者通过对香港新界的田野调查,说明了普通的农民所组成的中小宗族形成了灵活、多样的集团。作者虽然接受了村人对他日常生活的帮助,但在记录中并没有体现对哪些家族和集团有特殊的好意和心思,和他们保持了适当距离。可以看出,他和村人间适当的距离以及禁欲般的姿态,正是通过记载村人生活的点点滴滴体现的,是验证现行研究的方法。对他来说,所谓的"认识论的反思"是对迄今为止没有被关注的事实进行整理和确认。对既成理论进行验证,这是真正遵从了人类学研究者的根本。但是在田野调查中保持这样的纯正态度在现实中是非常难的,只有做过田野工作的人才能深刻理解其难度。

关于共同调查的定位问题。共同调查中,最重要的问题是调查规模较大、组织化的活动。对于人类学的田野工作来说,研究者单独进行才有意义,而以共同调查的形式实施的田野工作是否具备可行性?又具有哪些界限?这是常被问到的问题,为了考察这个问题,可以举出李景汉所编写的《定县社会概况调查》(1933)和中国农村惯性调查刊行会编著的《中国农村惯性调查》(第一卷~第六卷)(1952~1958)。

《定县社会概况调查》是由实践农村教育改革的中华平民教育促进会组织的。从序言中可以看出，主要的参加者，除李景汉有 8 个人，进行调查资料整理的有 7 人，还有承担其他工作的 13 人。20 多位参加者分担调查项目和地区，有组织、系统地实施了调查。《定县社会概况调查》的构成，由地理开始，接下来是历史、政府机关、人口，还包括灾害，这样的构成使人联想到明清的地方志。而且，调查项目中还有一些别的人口调查和社会调查中不曾见到的内容，比如，小学所拥有的学田和收入来源等，这些和教育、学校运营相关的项目，正是因为中华平民教育促进会的推进才会有的，村庙的状况和秘密宗教结社相关的情况也很详细。这些是别的社会调查很难进行的一些项目。

《定县社会概况调查》的序言中还记载了在农村进行调查的诸多困难。官吏贪污、苛捐杂税、军队掠夺，在这样的现状下对家庭和土地进行调查，农民会有一种恐惧，担心会不会引起新的临时性征税、士兵征用、军马饲料的征收等。因此调查时必须注意不能招致对农民的不利，在这种情况下的调查，只限于作为客观事实的那些明确的事项，对其解释和分析则保持了克制。《定县社会概况调查》对资料的解释和分析存在不得不有所抑制的情况，但其调查资料的范围非常全面，其第一目的是作为"中国农村生活的百科全书"，具有网络资料的广度。

关于《中国农村惯性调查》，从调查项目、调查担当者和调查实施日可以看出：第一，他们调查了社会生活的全部，包括家族、村落、土地所有、佃耕、水利、公租公课、金融及交易、风水、神灵信仰等，对调查项目进行了细化和系统性划分，也采取了标准化的调查方式。第二，调查中还有几个机构的 20 多人协同参加，采取了明确组织和任务分担的分工体制。第三，调查者预先准备好调查项目，然后在每个村反复提问，其整理的调查记录可以使研究者全员共有。

根据《中国农村惯性调查》出版的资料集为《现场调查应答记录》，其上下文脉络比较零碎，读起来经常让人困惑，需要一定的耐性去理解。而一旦超越了这些困惑和忍耐，本调查意欲验证的结论，即探讨中国农村社会秩序构成的思路就会呈现出来。当然结论肯定不止一个，同样的资料可能存在完全不同的见解。既有人强调"共同的"特性，如平野义太郎（1943），也有人断言"中国并不存在村意识"。如果更为深刻地阅读这些资料，就可以发现以下几个问题：村人面对提问，经常用"是的""有""没有"进行极其简单的回答。在河北省沙井村的记录中都是这样的问题，参加者如何？全村出动，列队询问，"是的"；村长在最前面吗？"是的"；戴着柳枝做的帽子吗？参加者都回答"是的"。从社会人类学中的"实际生活的不可计量部分"的角度来看，这些回答让人感到提问者和回答者之间没有契合度，失去了感情共鸣。估计这些和提问项目的细分、系统化及提问方式等有关。

以 Ramon H. Myers 为代表，Philip C.C. Huang 和 Prasenjit Duara 等海外研究者之所以可以利用这些资料，是由于这些有组织地收集的庞大的资料群为多数研究者所共有，可以对几个村落的调查资料进行比较和验证。可以说，将资料以"现场调查应答记录"的形式进行简单整理，其结果是资料被活用的可能性更大。调查的目的是把握"在社会内部贯彻的生动习惯"，还有一种说法就是法律以外的道义的、礼仪的、宗教的等各种规范。这在涂尔干的概念中相当于作为社会事实的行动和思考的方式。与此相对，马林诺夫斯基所说的"实际生活的不可计量部分"，其深刻的记录包括与行为者的情绪、愿望、态度相关的内容，强调人的感情方面。这样看来，生动的习惯和实际生活的不可计量部分之间存在不同，即作为社会事实被客观化的"物"和行为者内在的"动机"之间的着眼点不同。可以说，两者在田野调查中，有关调查框架和调查方法的不同，是由法学家、社会学家及人类学家之间的学科的不同导致的。

从实际状况来考虑，像《中国农村惯性调查》这样大规模、有组织的调查，不得不采用面谈、一问一答的形式，这种在田野调查中从对象者和调查者之间的关系出发、被既定条件制约的做法也应该受到标准化。

下面是共同调查可能存在的问题。致力于在中国开展社会人类学研究的年轻人在开始研究的时候，一般情况下都要到中国留学，同时学习语言，毫无疑问，对要留学的大学必须提前制定研究题目并了解其接收条件。与此相比，和指导研究的老师相识却是偶然性极高的事。更难的则是与那些可以将我们引入田野工作的信息提供者的相识。这种偶然性在限制田野工作时代的中国，则更高一些。

我最初在中国做田野调查时汉语并不好，在一次偶然的机会，认识了陆学艺教授，那时候是很辛苦的，用什么方法，说什么，他都非常信任我。另外那时候，费用的问题非常麻烦。为什么？要给调查对象礼物，不同的人就要送不同的东西。还需要很多中间人，中间人要教他们如何跟农民说话，包括一些土话，包括跟人家在一起吃什么饭，当然也讲到送礼品的一些话，给那些官员送的礼品都很昂贵，给农民送的礼品很便宜，在他们的经费当中是有点问题，但是也是没有办法的事情，所以中间人也是非常重要的。陆学艺教授也一样，陆学艺教授去农村与干部交流，给我介绍特别典型的农村，从而确定我的研究题目。

作为一个研究团队，我们需要很多人的参与、很多人的力量来共同完成一个调查。简而言之，前面讲到的在80年代、90年代以及2000年之后，这些共同研究的方法其实在发生一些转变。在80年代、90年代更多的研究当时是由中国社会科学院的一些学者主导开展的。比如说像当时我们费孝通先生关于小城镇的探讨，后期加入了一些海外的学者。80年代的时候，他们中国的研究主要分为两大块：城镇的研究和家族的研究。家族研究在 1985 年以后，像南开大学有一些学者，已经开始这样的研究。一些年轻的学者也涉足相关领域的探讨，做一些单独的调查。比如说像浙江农村的一些研究，就是一些学者单独进行的调查。90 年代，更多的年轻人加入进来，研究者呈现出更加多元化的状态。80 年代到 90 年代，中国开展了一些大的或小的国情调查，包括我们百市县的社会经济调查、百市村的社会经济调查，更多的年轻学者加入进来。中国的大规模调查也发展得比较快，尤其是进入 2000 年之后。以此为契机，中国的年轻学者也开始和更多的海外的一些年轻学者进行协作，开展共同调查研究。

虽然研究方式包括研究方法在发生一些变化，但是今天所讲到的像马林诺夫斯基的四个内容，集体的记录、社会结构的概念化、实际生活的不可计量部分，以及认识论的反思，这四块其实是我们在分析和研究的时候，可以贯穿在我们整个分析框架当中的。今天我们主要介绍一些学者的理论和书，实际上更多的是在我们实际的调查当中所体现出来的。对于我们今后的调查研究，像这种我们独自进行的调查，其实可能会越来越困难，所以共同调查会成为一种可能。我们提到的四个含义就显得更加重要，我们以这样的一个框架，去推进我们的调查研究，今后将会有更大的价值！我的报告到此结束，谢谢大家！

交流环节

主持人： 非常感谢佐佐木教授的分享，我个人感觉非常受用！下面我们可以做一些讨论，大家如果有什么问题，可以提出来，我们可以和佐佐木教授一起进行交流。

学生甲： 佐佐木老师您好，有个问题，刚才我们讲的都是田野调查的内容，那么我想问田野调查最终的目的是什么。我们做了这么多，田野调查就是做了很多描述性的工作，比如我们在当地吃了什么，住在什么地方，送了人家什么礼，然后描述很多的现象，而这些描述性工作，很多记者也可以做，那我们的社会学者，我们的人文关怀在哪里？我不能说我最后激发了很多学者的兴趣，我有没有对当地的生活做出什么改善呢？社会学最后的落脚点，我们回馈给当地的人们什么实质上的好处呢？

佐佐木卫： 谢谢，你问了一个非常重要的、非常好的问题，就是我们在做社会研究的时候，我们社会学的责任感究竟在什么地方？这是我们在做田野调查的时候，需要认真去思考和面对的重要问题。如果我们用马林诺夫斯基的回答，大家可以看出，认识论的反思，他这样告诉我们，最终的目的就是我们看待世界的这样一个方式，就是说在一定程度上，当我们可能没有找到答案的时候，他或许给了我们一个答案。大家知道我为什么喜欢在中国做调查吗？因为我在中国做调查之后，我更加清晰地认识了日本。所以说同样，当我们做完这样一个东亚或者是亚洲社会的调查的时候，我们会更加清晰地认识西欧或者是西方。所以我们在做社会人类学研究的时候，或许应该用一个更广阔的视角或更广阔的视野去理解。就像我们每个人都会有个人的困境一样，我也有自己要照顾的母亲，当然每次要照顾的时候，也会有很多的困扰和烦恼等，但是我们通过一些更广阔的视野去思考的话，会更清晰地去思考事情，会更好地去表达对母亲的爱和家族的爱。不知这样说是否回答了你的问题。

学生乙：我之前跟李老师谈论了一个问题，就是关于文化的传承方面，我想问如果文化是有寿命的话，那么文化将要走向消失和没落，我们有没有必要采取一些措施，保护或者是挽救它？

佐佐木卫：非常好的一个问题，我在青岛做调查的时候，也面对这样的问题。我当年在青岛做调查的时候，会发现青岛的很多村庄城市发生改变，大家建造了很多封闭的社区，这样的居住形态，如果它是和西方社会同样的形态，那么内部遵循什么样的逻辑？假如它和西方不是同一形态的话，那么中国社会内部有没有一个逻辑促成了这种状态的产生？我也会对这样的问题进行反思。比如说大家共同居住在一起，在中国的文化当中，可能找到一些方式，比如说你对于集体意识或者是集体财富是维持还是维护？这也可能是其中的一个观点。对于城市而言，我们在比较了很多种不同的类型之后，当我们去看某一个类型发生的一些转变，究竟是否能从社会本身的内部去思考它的一些根源和逻辑？对于我们社会学研究者而言，我们与其去争论我们是否要保护好这个文化，不如去探寻这个地方在不断的历史积累当中，如何遵循着一种逻辑并转变为现在的形态。这可能是我们需要更加关注的一个问题。这是我对社会学研究的一点思考。

学生丙：我现在自己做一些小的研究，在我的研究视角下它是一种文化，但是听您说了之后，我不必要去争论，只需要去考虑它的逻辑。我还有一个问题就是我认为我所研究的这种小文化，是在呈现消失、衰弱的态势，但是好像就是没有办法去挽救这种态势，因为这跟整个社会的潮流是一种相反的方式，所以我在想这样的研究是否有意义？

佐佐木卫：我举一个例子，关于排队，我们也看出很多有意思的问题。在我们这个年代看来，比如我要形成一种队列，我现在去做一个海关检查，我要有一个队列，比如说我们老人就会觉得年轻人应该谦让，从年轻人的世界认识论来看，这个列队或许是理所当然的事情，未必是谦让或者是其他，这在他们这两代之间就会存在一个认识论的差距。这中间可能就涉及忍耐力的问题，就是不同的时代，对于一个事情，他的理解，包括对一些文化的理解，他的忍耐力以及忍耐程度有多强，也是我们需要考虑的因素，对于年轻者而言，对于不同的年代而言，可能会有一个认识论的差别，像前面提到的认识论的差异。

学生丁：田野调查一般要经过很长时间，这段时间我们要无限地贴进被调查者，要认真了解他们的生活，我们又要跟他们隔开一定的距离，用客观和克制的语调去描述他们的生活，这中间会不会存在一定的困境？我知道老师您有很好的田野调查的经验，能否给我们介绍一下，在您长时期的田野调查当中，是否遇到过这样的问题？您采取的态度和方法是什么？

佐佐木卫：我在每时每刻记田野的日志，当然在记录日志的过程中，就可能面临这样的问题，就是如何去创造，如何同他者保持一种距离感。不单在接触的过程当中，就是在创作的过程当中你也会面临这样的困境，就是你如何去描述，也会有这样的问题，我在写日志的过程当中也会进行一些思考和反思。在研究当中，不同的研究者会有不同的研究方法，很多的研究方法，有时候你也无法判断它是怎么样的，所以说你可以用一些不同的方式去判断。主要还是体现在一定要记日志，但是在记的过程当中，当然现实是一个层面，就是你在创作日志的过程当中，要如何去创造，因为你要给别人看，这是一个微创作，是另外一个层面。方法有很多种，如何记录很重要。

学生戊：老师您好！您刚才提到，觉得在中国社会开展研究能更加深入了解日本的文化，我就比较好奇，在中国做研究，回国之后对本国的这些社会学研究会有什么帮助？或者是有什么启发的地方？

佐佐木卫：我不单单做中国的研究，之前最早也做日本的究，做完日本的研究之后，我会走出去做其他一些文化圈研究，比如像韩国、泰国，会去观察其他很多不同的文化圈里面的一些东西。这样的话，就是说我们在通过不同的比较和认识之后，可能会更清楚，用更广的视野去理解这件事情。

学生己：我想问一个关于诠释社区凝聚力的问题。原来我们社区的凝聚力主要来自人们相互之间的联系，这些构成了社区之间的凝聚力，但是现在像中国的城市，房屋建筑物的年龄是 25~30 年，比如说还有很多像"十八里店"这样的，它是一个外来务工人员的聚集地，大量进出、大量流动的人住在那里，像现在这样的一个情况，就是我们中国城市的社区凝聚力，它实现的可能性，我对它表示一定的怀疑。因为毕竟一个是房屋的建筑年龄在那里，就是 20 年，大家都还没有构成一个熟人社会。那我们的社区凝聚力到底怎么样才能够建设起来呢？

佐佐木卫：对于这个问题的解决，我们也很难说有一个很统一的方式，比如说我们重复提到社区归属感或者社区凝聚力，像美国当年也面临过这样的问题，日本当年也发生过这样的问题。包括中国现在正在经历这样的阶段，就像你说的"十八里店"，但是我们认为这个方法并不一定是统一的或者有一个很明确的方法，美国有美国的经验，日本有日本的经验，中国也需要有中国的经验，这需要更多的研究者去调查挖掘、去发现这些方法和经验，去解决这样一种困境。很难说有一个更好和更有效的办法去解决这样的问题，更多的是基于中国社会自身的调查去找到办法。需要中国模式，你们可以去创造中国模式。

学生己：无论是在中国或者是在日本，您认为社区关系是在渐渐瓦解的趋势吗？

佐佐木卫：我认为这样一种状态并不会完全消失，就是这样一种邻里关系，这种邻里状态，并不会完全消失。我还是举排队这个例子，因为你可以看到现在的年轻人，他们自己就可以排着一个很整齐的队，排成一列，就是说你们可以自己创造秩序，这样的秩序尽管可能会和他们的秩序有一些不同，但是这种秩序会形成一种新的状态，所以说很多东西并不可能完全消失或者是瓦解。

主持人：非常感谢佐佐木卫教授与我们进行讨论交流。今天佐佐木教授讲到了我们在做田野考察过程当中，需要注意的问题。我理解的就是，我们可能想当然地去做调查，但实际到了当地、到了这个现场可能有很大的不同，我们有一些模型的、结构的东西让我们统一地思考，但在实际的调查当中会有很多难以计量的知识，这对于我们的调查研究的影响也是非常大的，所以我们在调查实践当中，要不断地去反思，在调查当中去思考这样的价值意义，我觉得也学到了很多的知识。所以最后，我们再次感谢佐佐木教授给我们带来的精彩的讲座！

运用制度创新，追求高质量的城镇化 *

邹农俭 **

主持人：今天我们请来了南京师师范大学社会发展学院院长邹农俭教授，邹老师在农村社会学和社会结构研究方面有很深的造诣。这次他也是借开会的机会来给我们开一个讲座。我们先欢迎一下邹老师！邹老师一会儿先讲，同学们最后有什么问题呢，再跟老师做一个互动。

邹农俭：各位同学，大家下午好！本来我是应该跟大家做同事的，到北工大也是好多年了，因为各种各样的关系没有正式调过来。但是这么多年，因为一些大的课题，相当一部分的工作也是在北工大，你们同学可能不一定熟悉，不一定了解。明天、后天有一个学术会议，我也在这里参加，所以也是有幸。2004 年的时候，我还在这里上过一学期的课，所以进入这个校园非常亲切。今天我想说这样的一个题目，就是城镇化，这是我们国家的一件大事情，

---

　*　本讲为"陆学艺学术讲座"第十八讲，时间：2015 年 10 月 30 日，地址：北京工业大学人文楼 808。

　**　邹农俭，南京师范大学社会发展学院，教授。

"十三五"规划一定会有这样的内容，而且必须要有这样的内容。我想说几个问题，同学们有什么问题，都可以提出来，要求我3：05结束，我稍微早一点结束，看看大家有什么问题，我们交流一下，有什么问题都可以问，没关系的。

一　城镇化是现代化题中应有之义

第一个问题想说城镇化是现代化中间必须要有的这么一件事情。所谓的城镇化，简单地说就是农村的人口向城镇转移。原来"城市化"这个词是没有的，这个词是从西方来的。80年代从西方的**urbanization**翻译成城市化。后来一直讲城镇化，江泽民在江苏做调研的时候，江苏省委在做汇报的时候，就是讲的"城市化"。他最后说，你们说得非常好，但是我跟你们商量这个城市化的提法，能不能叫城镇化？他的意思就是，世界范围之内通用的一个说法"城市化"，在我们看来应当理解为城镇化，就是农村人口仅向城市的转移，还有向县城、小城镇的转移。在中国国情条件下，向城市和小城镇转移可能显得特别明显。在江泽民看来，如果只讲城市化，可能会忽略县城和小城镇，所以称城镇化比较全面，比较符合中国的实际。从此以后中央正式文件，都称"城镇化"。中央正式的文件，正式的说法叫新型城镇化，都是继承了这样的一个理念。

那么，城镇化就是说农村人口的转移有两个目标：城市和镇。

镇就是我们概念中的县城、中心镇。在国外也有这种小于城市的人类聚集体，日本叫"町"，美国有"town"。那么在我们国情条件下面，可能说城镇化更恰当一点。我要说的城镇化，本质的东西就是人的变化，一个农村人成为一个城市人。从地域变迁开始，直至改变人的特性，一个从事农业的人转变为从事非农产业的人，一个农村人转变为城镇居民，传统的人变为现代的人，这就是城镇化的意义。这样的一个变化，是世界范围内的普遍现象。现在世界上将近200个国家，没有哪个国家，说是只有农村人口，没有城市人口，或者农村人口占多数而可以称得上是现代化的国家。世界上有少数几个国家，只有城市没有农村，像新加坡。多数国家就是从以农村为主的国家走向以城镇为主的国家，以农民为主的国家，转变为城市人口为主的国家，都是经历城镇化这一运动变化而来的，所以城镇化是一个普遍性的规律。

我们中国现在正处于城镇化的大规模展开阶段，现代化的关键阶段。什么叫关键阶段？像一架飞机起飞，离开地面必须要有速度，大力加速的过程。所以这个阶段是剧变，各个方面的变化都非常快，速度要提高，没有一定的速度，飞机腾空不了，我们现在正处于这样的一个阶段。到2020年，到2050年，城镇化的变化是十分重要的方面，没有这个变化，现代化实现不了。全面小康社会也好，现代化也好，必须要经历这样的一个重大变革。为什么呢？农村人口减少，这是必然的。因为农业生产有它的本质属性，土地不能无限增加，开发到一定的时候土地就稳定了。另外，农业这个产业严格受到自然属性的限制。农业本质上要利用光合作用，经历一个漫长的过程，才能产出物质产品，这个过程人为地很难加以控制，或者说人力的控制是有极限的，不能想怎么办就怎么办。尽管用各种各样的办法，一只小鸡从鸡蛋里面出来，到端上餐桌，你们知道多少天呢？就是最快的速度。我们小的时候要六七个月，现在最短是42天。还能不能缩短？可能还能短一点，但一定是有限度的，绝不是能无限缩短。只要生产粮食不从机器里面出来，从土地里长出来，农业的基本属性就不可能改变。不像工业化，不同于机器作业，要增加产量，一台机器不够，两台，机器连着转，人可以三班倒。粮食作物，长在地里的东西，蔬菜也好，粮食也好，水果也好，不可能无限加速。现在好多东西人为地干预，已经产生很多负面作用，包括蔬菜也好，茄子不像茄子了，没有这个味道了，为什么？人类的干预太多。

那么我要说的这个意思就是，农业这个东西，受到自然属性的制约，随着社会生产力的提高，做这个活的人必然越来越少。那么多出来的人到哪里去呢？十年之前，二十年之前，讨论的是农业出现了大量的剩余劳动力，什么叫剩余劳动力？三个人的活有五个人在那里，人浮于事，事情就不好做了。我们现在很多自然法则，我们好好去体会体会：一个人挑水喝，二个人抬水喝，三个人为什么没水喝。为什么呢？你去很多地方看，人浮于事，人太多，你要摆平这件事情就很不容易。三个人比一个人，比两个人更难了。为什么？有了剩余劳动力。人多了，这件事情就难以操作了。农村中二十年之前、三十年之前，最大的问题就是存在大量的剩余劳动力，这是当时农村中最大的社会问题。所以农村里很多事就做不好了。那怎么办？多余的人必须要挤出去，转移到别的地方去。而城市里面正在发生什么呢？正在进行工业化。我们读历史的都知道，工业化是什么？一句话，用机器代替手工劳动，就是机器把人的手延长了，用机器代替手工劳动就将大大提高劳动生产力，大大提高物质生产能力。

当今世界，可以说多数文明都是工业化带来的。现在离开了手机，就像丢了魂一样的，那个产品是工业化的成果。没有工业化，到农村里面，到山沟里面信号都没有，使不起来，用不起来，收不到。今天我们看到的文明，多数都是工业化的成就。当然已经在若干方面有后工业化的一些东西，但是主体还是工业化，还是工业化的年代。农村里面出现了大量的剩余劳动力，搞不好，而城市里面正在开展轰轰烈烈的工业化，需要大量的人力，一拍即合，一个愿意出去，一个愿意接收，这个社会就搞活了。

城镇化的意义是多方面的，现代化必然要有这样的过程。没有这样的过程，现代化的状态出不来。所以城镇化这件事情对社会生活的影响是巨大的。可以说，是有史以来最为壮观、最为激动人心的变革。所以我们现在讲新型城镇化，比如说现代社会的成就，比如说产业结构，传统社会以第一产业为主，"一二三"，第一产业、第二产业、第三产业是这样的关系。现代社会是什么状态呢？以第三产业为主，是"三二一"。所以说现在服务业，新型的服务业，第三产业大有空间，包括金融，包括服务，很多现代社会的一些状态逐渐出来了。

另外比如说人口结构，一定是非农业人口为主的这样的结构才可以称得上是现代社会。比如说社会结构，现代社会一定是两头小中间大的，所谓的中产阶层为主的一种纺锤型或者橄榄型的状态。如果不是的话，现代化不够格。比如说城乡结构，我们原来这个国家是一个典型的城乡二元结构。什么叫城乡二元结构？就是城市和农村两套体制，差别非常大的结构。我们在北京，北京市周边的河北省好多农村与北京市差别很大。所以现在讲京津冀一体化，你要解决的核心问题就是这个巨大的差别。现代化不能差别这么大，现代化不是这种样子，必须要解决城乡二元结构的问题。

二 城镇化的"质"与"量"

第二个问题：城镇化的"质"和"量"。这两个字我分开来讲，我们先说城镇化的"质"。这是什么？就是一种内在的品质，内在的质地。从这个意义上讲，就有好多问题，实践中间的好多问题可以看得比较清楚。比如说农民工，农民工这种形态，就是从农民转变为市民，从农村里面转移到城镇里面的人的一种存在形式。现在全国有 2.6 亿农民工，这个数字非常大。世界上超过 1 亿人口的国家就属于大国家了，而我们的农民工就有 2.6 亿。这件事情大不大？非常之大。农民工正是城镇化过程中形成的一种特定的人口情况。如何看待农民工？他是农民还是城镇人口？我们说他是初步城镇化的一种具体存在形式，不能算是百分之百的城镇人口，与标准意义的城镇人口还有差距。从"量"上来看，你说不清楚，2.6 亿算什么人呢？我们原来统计说 2012 年城镇人口就已经超过 51% 了，实际上就算上了这部分人，但这部分人不是标准的城镇人口，不是完全意义上的城镇人口。

现在有的专家提出来，如果要按标准的城镇人口来算的话，现在我们的城镇人口比例是 37%，不到 40%。从这个意义上讲，就是从城镇化的"质"上来衡量的。同样是一个人，同样是一个农民和市民去比，"数"是这个"数"，"量"是这个"量"，可能质地不一样。所以这两个字不把它分开，说不清楚。有的专家说是"半城市化"，也就是说是不够格的城镇化，在性状上有一定差别的城镇化，这样来分析比较科学和符合实际。比如说沿海一些地方，江苏、福建、浙江好多地方，农村里面拆迁，农村拆迁以后将农民集中在一个地方，形成了一种新的社区类型，这类社区里居住的拆迁而来的农民，从学术意义上来讲，既不是城镇人口，也不是农村人口，你讲他是农民，他没地了，地被征掉了。你算他是城镇人口，也不够格，他没有养老保障，没有医疗保障，城镇的一套制度覆盖不健全，每个月400块钱、500块钱就这样的水平。那么这些人怎么算？

我想从"质地"来分析可以说得比较清楚，所以只能从城镇化的"质"来进行衡量，他是不够格的城镇人口，不是完全意义的城镇人口，在性状上属于打折扣的城镇人口。如果不将"质"和"量"分开来讲，这种现象就很难说得清楚，而这样的人在我们的社会生活中有一大批。再比如说大城市的人口和小城市的人口，北京市的人口和河北廊坊的人口还是有区别的。我想从学术的意义上面来讲，从城镇化的"质"这方面来量度的话，可以把诸如此类事情说得更加清楚，有利于把复杂的问题说清楚。

"量"是什么？简单来说就是数的概念，2011年达到51%，2020年要达到什么水平？2050年要达到什么水平？而规划的这个目标必须要将"量"和"质"都说清楚，规划的量是多少，规划的质是什么样子，这样的规划才有意义，才是科学规划。

另外在地域景观上，城镇化造就了若干大城市、特大城市，我们现在大城市的界定已经做了改变，原来100万人口就是大城市，在国际上面100万就是大城市，你看到我们现在很多大城市人口有一千多万。北京是两千多万，上海市是两千多万，原来100万人口说不清楚。所以我们把标准提高了，还要造就若干个城市带。我们看到美国主要的产业、人口集中在沿大西洋的一条城市带、沿太平洋的一条城市带，太平洋的边上，波士顿、纽约、费城那一条，太平洋沿岸旧金山、洛杉矶那一条。日本也是这样，60%的人口集中在东京、大阪这一城市带。我们国家现在正在出现若干个城市带，京津唐地区、长三角、珠江三角洲、武汉周边，这些地方成为国际上有影响的中心城市、城市带，成为产业的骨干。一个国家的国民经济、一个国家的主要人口集中在这几个城市带，城市化以后必然会造就这种结果。

三 城镇化的实质

第三个问题就是城镇化的实质。实质的内容是什么？实质的内容就是劳动方式、生活方式、文化特质、文明体制的巨大变化，特别是现在讲的一整套公共产品的供给体制的完善、健全，如果公共产品的供给是城乡均等的，那就无所谓居住在农村还是城市，居住在河北农村也能享受与北京市同样的公共服务，也有一样的养老保障、医疗保障，那么要进北京干什么呢？这是城镇化的实质东西，实实在在的东西。所以城镇化本质是人的变迁，是人的本质的改变，通过城镇化将一个人从传统的人变为具有现代化特质的人。这样的变革是通过农民转移到城镇来实现的，通过农村到城市的迁移，他的劳动方式、生活方式发生了根本性的改变，造就出了一个有现代化特质的人。所以我们观察到的是这样的一个过程，一个农民转变为市民，根本的东西就是一套文明制度的覆盖，特别是公共产品的供给体制，现代社会应该具备的那些文明制度，通过工业化、城镇化的过程建构起来了。原来农村里的人多数没有，现在通过这样的转变过程，人进城了，同时这套文明制度也建构起来了，覆盖到他身上了，这就是城镇化的真实内容，这就是城镇化的实质。

城乡二元结构的化解也好，农民身份转变也好，农民工进城落户也好，都是从这个意义上来讲的。没有文明制度的覆盖，公共产品、供给体制不健全，城乡差别很大，这样的局面一定要改变。这是党的十八届五中全会的要求，我想以后要有细致的规划，一定会有这样的内容，没有这样的内容是不可能的。所以城镇化的着力点就是要为所有的人建构一套文明的体制。原来我们多数人没有，现在多数人要有，所有的人都要有，要解决这个问题。所以我们现在不能仅追求城镇化的"量"，更要重视城镇化的"质"。现在包括经济增长方式的新常态，那就不是去赶速度，而是追究更高质量的GDP，而是更讲究那个"质"。原来不计代价、成本很高、后果很多的那种增长方式，宣告结束。可见，城镇化的进程与整个国家的发展方式是完全一致的。

我们要追求一个高质量的城镇化，所谓高质量的城镇化，就是要代价比较小，副作用、问题比较少。过去那种模式不能再持续了，速度赶上去了，量有了，可是留下来一大堆的问题。城镇化从20世纪80年代初开始，如果算到2050年的话，进行了70年。改革开放之初是什么概念？ 80%是农村人口，"二八开"。2050年是一个什么样子呢？大概 70% 是城镇人口，那这个国家就是现代化的了。如果我们用 100 年的时间，从改革开放算起，从"二八开"到"倒二八开"，那么你这个国家就成功了。在国际上面，在世界范围内，是说得过去的，世界上一般的国家用了 200 年的时间建设成现代化的样子。我们这样的一个大国，如果通过 100 年的努力，实现了这个目标，那是比较成功的，是社会主义中国一个巨大的成功。

我们要知道做这件事情，实现这个转变非常不容易，特别是人。现在看来很多东西是可以跨越式发展的，但人的变化很难实现跨越式发展。所以有些东西要从长计议，包括计划生育这个政策。你看现在校正的速度非常快，允许生二胎。夫妻两个一方面是独生子女可以生两个，这个政策没有多长时间，马上就都可以生二胎，这个时间多快，为什么？这种事情都要从长计议，你不能说出了问题再来校正。迟了，城镇化也是这样子，这些东西要从长计议。

四　城镇化的效应

所谓城镇化的效应就是城镇化的社会影响。第一个效应就是城市社会的到来，城镇化后城市数量很多，规模扩大，内涵改变。就是我们现在所见到的，到处都是城市的呼声，城市主导着整个社会生活。另外，城镇化的过程必然导致内需的扩大。李克强总理多次讲新型城镇化，这个过程对内需的拉动是巨大的。经济增长"三驾马车"，投资、出口、内需。过去 30 多年，我们主要靠投资，设立开发区、招商引资，推动经济的快速发展，现在面临的问题是产能严重过剩，商店里面到处都是东西，卖不出去，我们的生产能力已经大大超过了需求。

第二，出口。对外开放这一条不得了，但是现在碰到了什么问题？是世界经济危机，人家也消费不了我们的东西。所以现在我们中国人这么有钱，到了日本，到了其他地方，把商店的东西都买光了。但是出口这个东西主动权不在我们手上，你不能说你想出口就可以。现在人家日子都不好过，人家消费不了你的东西。所以，靠投资、出口这两条要推动经济发展不好办了。

那么现在转变为第三驾马车内需，扩大内需。这一条如果没有城镇化，你这个内需是扩大不了的。为什么？我们现在所有的工业的产品，都是为城市人设计的。你说农村里要不要洗衣机？你去操作洗衣机，如果没有自来水，这个系统操作不了。有自来水了，洗衣机才能操作。电冰箱也好，其他家电也好，都是为城市人生产的。如果农村里的人变成城市的人，而且是几亿人口变为城市人口，这个内需有多大？你看房地产为什么那么风光？就是大量的农村人口向城市涌入，大量的农村人口在向城市人口转变，大力度地推动着房地产业。

现在这三驾马车主要的着力点是放在扩大内需上面，扩大内需就要靠城镇化。没有这一条，没有几亿人口从农村人口变成城镇人口，那个内需是扩大不了的。这在当前特别有意义。不管到 2020 年也好，2050 年也好，这一条是我们实实在在要做的事情。前面那两条现在都靠不住了，不是不要做，而是并不取决于我们自己。出口的主动权不在我们手上。你再去投资，你搞什么东西呢？大量的产业都是产能过剩，重复建设，这种事情见得多了。可是扩大内需这一条，可能在我们这个国家来讲，至少还要持续到 2050 年，30 年内没有问题。

另外是地域景观上形成多个城市带，这是非常值得我们注意的，"十三五"规划一定会有这样的内容。美国几条城市带，日本的城市带，我们中国这样的大国，这么多的人口，这么大的地域，那么城市化以后一定要形成若干个城市带。这是我们未来产业、人口、技术的主要集聚区。

第四个方面就是社会结构的改变。所谓社会结构就是人群的组合方式，人群的组合方式包括新的阶层的造就。原来我们很简单，工人阶级，农民阶级，加知识分子，两个阶级一个阶层。现在社会生活多么丰富，有些人不干活，炒股票都过得很滋润，这样的新的职业越来越多。现在社会要造就中产阶层为主的社会结构，现代社会的构成必然是中产阶层为主体的社会。日本是在 60 年代以后，提出一亿两千万人中间，一亿皆中流，就是要在一亿两千万人中间造就一亿的中产阶层。社会结构要从宝塔型成为橄榄型。中国历史上两千多年的封建社会，农民起义特别多，轻则造成很大的社会破坏，重则改朝换代，总不是一件好事情，改朝换代，往往伴随着战争。所以中国几百年的建筑很少，为什么？战争太多。战争多，表明社会矛盾突出，从社会结构上看，那种金字塔的结构，一个皇帝高高在上，底层社会的人特别多，那么这个社会是不稳定的，没办法去稳定。现在要造就一个中产阶层为主的也就是两头小、中间大的社会结构，这样的结构造就不经过城镇化，是出不来的。

还有就是农业规模化的推进。农业的作业方式，一家一户的小农经济，一家三亩地、五亩地那是没办法实现现代化的。农业首先要讲究规模化，一定要有应当的规模。我们恰恰是小农经济为主的国家。改革开放的时候，家庭联产承包责任制把土地分到每家每户，一家三亩地、五亩地。三亩地、五亩地是什么概念？人家至少是几十公顷，我们以亩来计算，小块土地。在小农经济这个基础上要搞农业现代化，是搞不起来的。因为农业的作业方式要连片作业，操作的土地要有基本的规模，才能进行机器作业。庄稼收割也好，土地翻耕也好，要提高效率就要用机器来作业。我不知道"90后"有没有看过拖拉机是怎么耕地的，插秧机怎么插秧的，收割机怎么收割的。那个机器拐弯了，像开车一样，有一个死角，它不可能是90度转的，必须有一个弧度，规模大与规模小，弧度是一样的，留下的空地也是一样的，如果在一片三亩地上作业，机器刚开就要拐弯了，一小块的拐角留下很多地，如果是几十公顷的土地，拐角也是那么多。

所以农业一定要有必要的规模，还有农业需要连片种植，你不能说这边种水稻，旁边是种花生的，水稻要灌水，花生是旱作物，不要水。

农业扩大土地经营规模需要条件。改变小块土地经营的格局就要使得土地能够流转，农村里面如果有大量的人在，就不可能发生土地流转，就没办法规模化。只有大量的人出去了，土地流转才有可能。所以我们现在不少地方土地都在流转，为什么？有相当多的人出去了，那么他的地就没有人种了，放弃了，转移给其他的人，这样得到土地的人，规模才能逐渐扩大。如果没有人口流动，土地流转就没有条件，农业现代化就没有可能。所以只有人口出去了，土地才有可能流转，农业规模化的经营才有可能，才有条件。

另外农村面貌的改变，新农村建设也好，现在讲美丽乡村建设也好，没有大量的人出去，就没办法搞活。现在农民工出去了以后，大量在外面赚的钱，寄回家去了。老人还在农村里面，家庭还在农村里面，小孩还在农村里面，它赚了钱，寄回去了，这个钱更多地用于农村的建设，就有条件建设美丽的乡村。

五 新型城镇化中的问题

城镇化作为一场重大的社会变迁，我们应当高度重视这一过程中出现的问题。一是过度的行政推动城镇化。没错，我们这个国家行政的力量特别强大，什么事情都是政府推动。可是我们要清醒地认识到，政府推动一定是有限度的。现代社会基本上都是三驾马车，政府、市场、社会。政府宏观调控，马路上的红绿灯，足球场上吹哨子的人不能没有。如果说都靠自治，那样的无政府社会与现代化格格不入。

第二个是市场。凡是能够赚钱的事情，有利可图的事情都交给市场去办。党的十八届三中全会文件中有一个说法，就是要让市场在资源配置中起决定性作用。这一条做得还不够，所以在国有企业的改革，很多的改革，我想"十三五"期间一定会有很多大的动作。要从根本上理顺这三者关系：哪些东西是市场做的，哪些东西是政府行为，还有社会。我们中国的"社会"特别不发达，所以现在有很多的说法，要培育社会、保卫社会，就是从这个意义上来讲的。

有特定内涵的"社会"这一块，我们中国还特别薄弱。我们中国原来是一个全能型的政府，无所不包，无所不能。什么事情都是政府包了，实践证明这样不行。用现代化的理念来看的话不合理，所以要改革。政府体制的改革里面最重要的就是政府职能的归位，回到它应该站的位置上来。不是政府干的事要收手，是它职责范围内的事情必须要做好，这是政府改革的事情。我们同学多数是"90后"。你们有时间要去读读历史书，我们观察社会的人，包括做社工的都要去看看历史书，中国人选择社会主义市场经济多么艰难，你们是没有经历过的。

中国人选择社会主义市场经济，也就 20 多年。从市场经济中得到了巨大的好处，没有这一条，那真是搞死了。现在的着眼点，要高屋建瓴地把三者关系处理好，要摆好现代社会三驾马车基本的结构。社会这一块，任务特别艰巨，包括社工，都在这里面，包括大量的社会组织，所以政府职能的转变叫"政府体制改革要归位"，应该回到它的位置上。那么联系城镇化，就是我们多年以来要用行政推动，要怎么做就怎么做，但是这里面有一个过度的问题。现在要反思，现在搞"十三五"规划的话，就是要反思这样的问题。行政力量到底用到什么时候？到底边界在哪里？所以我想在"十三五"的规划里面，一定会有这样的内容。

第二是失地农民问题。"失地农民"这个词讲给老外听，他们很难理解。农民是种地的，没有地的农民怎么叫农民呢？农民还有地可以种种，没有地的农民比农民还苦。失地农民工最多的时候全国有 4000 万，很大的一个社会问题，他们是社会生活中间的边缘群体，底层社会的人，城镇化就会出现这样的问题。这几年应该解决这样的问题，减少这些人。另外我们前面讲的原来没有社会保障、没有养老保障、没有医疗，现在陆陆续续地给他们建，现在陆陆续续地用一套文明的制度、现代社会应该具有的一套体制覆盖到这些人，使失地农民成为标准意义上的市民，现在做得还不够，还没有完全解决好。但是城镇化的过程中间确确实实出现这样的问题。现在来说，我们解决社会问题的一个非常重要的方面，包括我们前面讲的三种人中有不少人没有土地，没有社保，没有工作岗位，可以说是失地农民的范畴，如果不安顿好这些人，这样的问题不解决，那就是城镇化的败笔。

第三是在城镇化中用城市取代乡村。一个世纪以来我们对乡村的认识出现了偏颇，认为城镇化就是用城镇去化农村，认为要取代乡村。现在总书记讲得很明确，他提的口号是要建设美丽的乡村，要记住乡愁。总书记在农村插过队，他对农村有切身的体验，他这个说法我觉得是对的。要记得住乡愁，不是说这个国家城镇化以后全是城市，小镇和农村没有了，不是这么回事。农村还有它应有的历史地位，乡村不可能消失。现在反过来，人很怪了，好玩的地方不是在城市里，现在好玩的地方在乡村里面、在山沟里面。有不少东西值得我们去思考，最好吃的东西，并不是高档酒店的饭菜，是农家菜，很好玩的是农家乐，现在好多东西都是农家乐。你穿一件衣服，一件衬衫是全棉的，全棉的是什么概念？全棉的东西为什么这么值钱？全棉的就是棉花织的，棉花从地里长出来，人怎么去追求这些东西？那么我们现在讲城镇化的时候，如果没有乡村，就没有乡村的文明。我们看的电影，读的小说，莫言的小说，改编成电影了，获诺贝尔奖了。那些东西恰恰是乡村的文明，很有意思。现在好多好玩的地方都是在山沟里，我们应该去反思这样的东西，穿得最舒服的一定是全棉的，一件衬衫全棉的一千多块钱，为什么全棉的穿着就舒服？在城镇化的过程中，我们能不能去消灭乡村？

所以我们要思考这样的问题：就是乡村的文明在城镇化的过程中，在现代化的大潮中如何得以保留下来？如何发扬光大？如何让它获得重生？这是时代交给我们的课题，时代给我们的任务——记得住乡愁，建设美丽的乡村。在城镇化的过程中，在现代化的过程中，我们怎么去给它定位，讲记得住乡愁，它的内涵到底是什么？这些东西到底在现代化的过程中，应该占有什么样的分量？

第四是城镇化以后，一大堆的"城市病"，大家在北京感受更深。这么多年来，每次到北京，交通是越来越挤，90年代来乘地铁非常宽松，现在地铁非常挤，交通拥堵。我们很多城市周边很大的问题：垃圾都堆在那里，没办法处理，已经危及地下水、空气、气候、社会治安。一方面是城镇化，另一方面是严重的城市病，也就是说同时出现，同时呈现在我们面前。

六 运用制度创新追求高质量的城镇化

最后一个问题讲要运用制度创新来把握城镇化，追求高质量的城镇化。

第一，城镇化的规划。城镇化这件事情是必须要有规划的，后发国家里面有一个优势就是规划。先发国家在发展的过程中，有很多方面带有很大的盲目性。我们看到工业化过程中，英国曼彻斯特出现严重污染。那么后发现代化的国家，应该吸取教训，应该要有所规划，要尽可能地避免出现这些问题，这是后发优势，是可以做的。我们这个国家，长期以来是人治为主的国家。换一个市长，换一个规划，这个市长要往南发展，换了一个市长要往北发展，这些事情多的是。那么怎样使得规划科学，怎么样使得这个规划不是人为的，不是人说了算的，规划说了算，法说了算。我们坚持了这么多年，一直有五年的规划，十年的规划。从这个意义上讲，后发国家应该有这样的一个有利条件：发展之前有所规划。在城镇化这件事情上必须要有规划，没有规划城镇化展开以后必将带来一大堆问题。

第二，区域性城镇体系的构建。京津冀一体化，从这个意义上讲，跟城镇化有紧密的联系，长三角地区、珠江三角洲都有这样的问题。要争取区域最优的一种结构状态。城镇化过程中，如果不从这样的高度出发思考，很多具体问题就把握不好，很多具体事情就做不好。我们现在难的地方就是行政首长都是按照地域来划分的，地方政府只考虑要本地区的事情，而在现代化的事业建设中应着眼于大局，从城镇化的角度来讲就是通过人的流动、城市的扩张、地域的变迁形成人、设施、科技、交通、生产力布局的最优状态。

第三，分级分类的城市功能定位。我们城镇化的过程中有一个问题，就是造就了千篇一律的城市。到这个地方一看，人家不知道什么地方，反正是中国的一个城市。到北京一看，到上海一看，差不多。包括那些建筑物，我们得反思反思。我们到那里一看，这是明清的建筑，这是宋代的建筑，都是有风格的。改革开放以来，我们的建筑就没有什么风格，都是高楼大厦。各个城市实际上在区域范围内都有它的定位，中等城市有中等城市的定位，小城镇有小城镇的定位。而且各种类型的城市、镇存在于同一个区域，其功能是相互补充的。你的长处是我的短处，我的短处正好是你的长处，这样才能形成区域的有机结构。我们在城镇化的过程中，一定要做好这件事情。现在600多个城市，如果面貌都是千篇一律的，多么单调，多么乏味。未来的几十年，我们一定要在这方面努力，在城镇化的过程中，一定要把这件事情做好，为后人留下宝贵的物质财富。

第四，公共产品的均等化供给。这是解决城乡二元结构最难的东西。公共产品均等化供给，就是解决城乡差别问题。一个农民变为市民，最为核心的东西，最难做到的是公共产品的均等化供给。改变需要时间。比如说养老保障制度，这一套制度一定要有时间积累，三十年、五十年才能显现出它的优越性。比如说养老保障一般选择基金制，基金制有一个问题，时间越长，积累的基金越多。一个人从工作岗位开始进来，到退出工作岗位30年，养老、医疗这个基金积累了一大块。如果一个人只工作十年、八年，积累的基金就很少，所以这个东西是要有时间成本的，时间越长，越体现这个制度的优越性。公共产品供给体制，很多东西都是一种基本的制度设定，这种东西要从长计议，要从顶层设计。

为什么农民工不能与标准意义上的城市居民划等号，差别到底在哪里？夫妻两个在这个地方打工，他的小孩能不能上这里的小学，这件事情就是一个难办的事情，为什么？原来我们配置资源，是按照户籍所在地来配置的，你的户口在老家四川，你的小孩只能在四川上小学、上初中，你现在到北京市打工了，尽管你创造的财富在这里，但是配置的资源没有你的份，现在要转变过来，多么困难！一系列的问题，为什么一下子城市里有那么多困难？一下子来那么多人，要给他们建小学，盖初中，来都来不及，连准备的时间都没有。所以这样的大事情，这样的难事情，要一个一个地予以解决，还要着眼于长远从根本上解决。

我就说到这里，还有十分钟，同学们有什么问题，可以问。

交流环节

学生甲：邹老师，我问两个问题，我也去过乡村，做过调查。调查的时候，发现有一个问题，就因为城镇化这样的推进，农村那边才会有大量的市场经济涌入。导致原有的农村社区、原有的文化还有生态系统被破坏。那些村民没有市场化、没有城镇化以前，他们的生活更加幸福。因为这样推进，他们感觉是生态被破坏，另外幸福感降低了。所以我就在想这样的城镇化，真的是满足人的发展、人的需求吗？第二个问题就是老师提到城镇化的过程中，与西方发达国家相比，在推进城镇化的过程中，我们有我们的后发优势。我就在想，我们在推进城镇化的过程中，一定有我们的后发劣势，最主要的劣势你觉得主要是什么？

邹农俭：城镇化是时代大势，必然要发生，不能因为个人的感受就不发生。小桥流水人家、宁静的乡村，几十年不变，一代一代人这样过得很安乐。对多数人来说，这种状态可能很难维持。城镇化的大势是不可抗拒的，不是不可能抗拒，根本就是没办法抗拒。因为时代的进步不管怎么说今天跟30年前相比，尽管有各种问题，可能在座的同学感受不多，"90后"从来没有饿过肚子。中国人到现在这个份上，是1840年以后最辉煌的时候。1840年以后鸦片战争、辛亥革命、五四运动、三十年代抗日战争，有战争，战争不断，对于生活在这片土地上的人，终究不是一件好事情，我们看中东的一些国家的难民，多么悲惨。这些人都不是贫民，这些人都是中产阶层，叙利亚能逃出去的那些人都是中产阶层。原来都是开馆子店的，有一个小商店的那些人。中国人不管怎么说，现在的状态甚至于在国际上的地位，原来谁给你谈，谁把你当回事。改革开放已经30多年，我要说的城镇化的大势是没有办法改变，没有办法抵抗的。从任何一个角度讲，都是巨大的进步。但是个人感受可能有这样那样的具体问题，但跟时代大势没办法比，所以这个大势应该是不可抗拒的。

第二个问题后发劣势，我的理解，我们进入这个后发阵营，前面的那些人把规则已经定好了，我们要加入进去，要受人家的气。你要与人家做生意，就得加入WTO，对不起，你要接受人家定的规则。也许这个规则不一定平等，就是对我们中国人来说不一定平等，但你没有办法。你是后发国家，你要加入这个贸易组织，规则在前面已经定好了，你只能去接受。这就是后发的劣势。谁叫你晚来的？你晚来，你必须接受这套东西。你要跟我做生意，我是中心，你是边陲，你说苹果 6 值那么多钱吗？值五千、六千吗？那个价可能抵我们一个人一个月的工资，他讲谁让你要这个东西，你不要就是了。

学生乙：我想问一下，您能不能谈一谈生态文明建设对中华文明的重要性，您能说一说您的预期推测？

邹农俭：我们原来经济建设、政治建设、文化建设、社会建设四位一体，十八大加了五位一体，加了生态文明建设。生态文明建设对我们中国人来说，在现代化过程中间，是一件难办的事情，为什么？中国的这片地 13 亿人，你要搞工业化，要搞现代化，多么困难。天然的条件，我们现代化的制约因素多，条件没有美国好。美国跟我们差不多大的一片地，可利用的地比我们还多，他们养活 3 亿人，我们要养 13 亿人，人口还要增长。就是这种天然的条件，决定了生态文明建设的艰难。

历史条件决定了我们这个国家在现代化过程中，要做好生态文明这篇大文章非常不容易。但是现在把它摆到一个非常特殊的位置上。我想中国的体制，只要有人去抓，只要有人去做就能做好。中国的这种体制好在哪呢？就是它的社会动员能力特别强，只要政府重视，什么事都好办。北京就有很大的改变，就是生态文明有非常大的变化。只要决策者重视这个事情，我觉得生态文明建设，在现代化的建设过程中，可能在一定的阶段，要求还不能太高，不可能为了生态文明建设，什么东西都停下来了，那也不是个事。可能在一定的阶段还有污染、破坏，上了一个台阶了，再来治理，可能会走这个路。

学生丙：我想问您一个问题，在城镇化的过程中，地域是非常广泛的，牵扯的也非常多。我们看到今天，这个过程中，工业上有什么样的转变？现在社会上这一块放权，在社会上开始放医疗、教育这一块，但是出现一个问题就是社会在发展过程中感觉不太适应之前的城镇化的表现，感觉很多功能出现了问题，想在这方面听听您的看法。

邹农俭：我们现在看到的现代化模式都是国外的，都是西方社会的，实际上中国社会和西方社会形成的过程是不一样的。比如说社区，中国原来就没有社区，社区这个词头 com 是什么意思？是共同体。共同体的意思是我们形成一个共同体，我们居住在一起的人形成一个共同体，我们自助。西方社会就是这个东西，西方社会是以个人为本的社会，个人解决不了的，找社区，社区解决不了的找政府，政府是什么？政府是守夜人，我们睡觉了，政府必须值班。然后我们得到一些好处的同时，也放弃一些利润，要交税。而东方社会是一个从上到下建构起来的社会，和西方社会从下到上建构起来的社会不同。

但到了现在，都在建设现代化国家，现代化就有很多相同的东西，比如"三驾马车"，我们要在社会这一块着力，把它培育起来。所以不少地方在培育社会组织，政府在那里扶持。政府购买房屋，同时把社会组织培育起来。你们去调查调查，有不少社会组织，政府在那里出了钱，然后要求你给我做哪方面的服务，你做养老方面的服务。

主持人：谢谢这三位提问的同学，我们邹老师今天讲的信息量非常大，引起大家的思考，邹老师这些年一直在研究社会建设，他写了很多文章，有兴趣的同学可以读读邹老师的文章。今天就到这里，我们再一次对邹老师表示感谢！

关系怎样影响法院判决[*]

贺　欣[**]

主持人： 各位同学，我们今天很荣幸请到香港城市大学的贺欣教授，教学楼里的展板已经有了介绍。但今天来听讲座的同学，有社会学、社会工作专业，还有法律系的，不仅有本科生还有硕士生。我还是再次简单介绍一下贺老师吧。贺老师毕业于北京大学和斯坦福大学，并在香港工作多年。贺老师有很多一流的论文，同学们如果只看中文论文的话，就很难看到贺老师的论文了，因为贺老师的论文 95% 以上都是英文的，明年贺老师会在国际社会学顶级期刊上刊登一篇论文。在我看来，贺老师在法律社会学领域，不能说是国际一流的，但也是国内超一流的。今天对贺老师我也不做过多的介绍了，希望在座的同学们认真思考，积极与贺老师交流。让我们用热烈的掌声欢迎贺老师！

贺　欣： 非常荣幸同时也非常惶恐，能够到北京工业大学做这

---

　*　本讲为"陆学艺学术讲座"第二十讲，时间：2015 年 11 月 26 日，地址：北京工业大学人文楼 808。

**　贺欣，香港城市大学，教授。

个演讲。我惶恐主要是因为我原来是从法学院毕业的，工作也是在法学院。朱涛老师邀请我给社会学的老师和同学们分享我的心得，心里面还是很忐忑的。朱涛老师跟我联系的时候，我感觉到很亲切，因为他在北京工业大学。他经常跟我抱怨，自己自报家门的时候，别人都记不清楚是哪个学校。但是对我来说是很不一样的，北京工业大学是我很熟悉的一个地方。我在去美国读书之前，有过一段北漂的经历，我当时就住在离北京工业大学很近的潘家园，虽然我没有直接参与旧货的交易，但是目睹过很多。朱涛老师知道我特别喜欢踢球，那时候当我特别无聊的时候，还到北京工业大学的球场踢过球。虽然现在我已经记不得到底是从哪个门进的，但是我记得，出门后有一个公共汽车站，坐一两站地就能到我北漂时的住所。所以对北京工业大学我感到非常亲切，对于这次受邀感到非常荣幸和惶恐。

现今我所做的研究很多都是涉及中国法院的，而今天具体要讲的内容是"关系怎样影响法院判决"。

提到"关系"这个词，我们大概都知道是什么意思。至于它是如何影响我们社会生活的，这就是另外一个题目了。提及它，我们首先会想到，它在中国社会里面的重要性，每个人都能感受到关系的存在，基本上可以说我们是生活在关系之中的。费老对中国的社会关系有过精辟的论述，在《乡土中国》中讲到，如果说西洋的社会是一捆柴，那我们中国的社会格局则像一块石头，扔到水面上形成一轮轮推出去的波纹，中间的波纹是强的，然后由强及弱，每个人都是这么一个波纹的中心。这也体现出中国社会的组织结构和西洋社会是不一样的，关系是我们中国社会结构或者组织里面非常重要的一环，在中国社会里起着非常重要的作用。所以每个人都要生活在关系之中，如果我们非得套用卢梭的名言，那么我们可以说，中国人是生而自由的，却无往不在关系之中。

现在很多同学都能感受得到，同学、老师、亲戚、同事、领导，形成了各种各样的关系。法官也不例外，中国的法官显然同样生活在关系之中，他们穿上法袍的时候是法官，应该只对法律负责，运用法律来判决。可是他们一旦脱下法袍，就会成为这个社会里面各种关系的连接点，会是别人的丈夫、妻子、亲戚，下属或领导，还可以是同学和同事，他们没有办法回避这些关系。在中国内地之外这种关系是非常淡的，比如说在香港，一个人如果通过某个关系找到法官，说一些试图影响判决的话，法官是不理会的。这种事情会被认为是非常可笑的，也根本不会发生。可在内地这个事情我想是再正常不过了，所以"关系怎样影响法院判决"这个问题是非常有必要去研究的。

目前对这方面已经有了大量的研究，但是这里面有一个重要的问题，现在绝大部分现有的研究材料都来自找关系的那一方。为什么会是这样呢？原因很简单，被找到的那一方，就是做判决的一方，往往不会跟研究人员分享他的经历。所以当大家去研究的时候，发问卷或者是提问，你找工作的时候有没有找关系？关系是强还是弱？你去申请政府项目的时候，有没有找关系？是什么样的关系？往往都是这样去调查研究，所以他基本的素材都来源于找关系的这一方，而很难有条件接触到做决定的这一方，显然这个画面是不完整的。因此，我们现有的研究里面，极少数会涉及关系在政府内部的运作，这会涉及金钱和政府决定，一般来说，大家对这些问题都讳莫如深。所以我们没有办法知道关系是否真的起了作用，找关系的人可能会说因为我有关系，所以找到这个工作，但这不一定能够得到确证，这只是一面之词，还是没有办法知道关系是否真正起了作用，更没有办法知道这个决定者是怎样考量的，怎样处理这个关系的。这就是当前研究的主要不足。

我现在是和加州大学圣地亚哥社会学系的吴根生教授一起合作研究的。我们论文的素材来源于直接对法官的访谈，而这些法官与我们是有多年交往的，他们非常理解我们的学术需要，也知道我们不会对他们造成伤害，我们之间有很高程度的信任，所以他们会非常坦率地跟我们分享，他们自己或周围同事经历过的这些故事。他们有一些人甚至觉得如果能把这些事情研究清楚，就能够在某种程度上对学术研究做出贡献。等一会儿大家就能从我分享的例子中看出它们的真实性。

我们的研究角度也与先前的研究不同。我们提出了关系的两个维度，并试图在新的框架里分析关系影响决定的程度。

第一个维度是关系的强弱。大家有没有听过"强关系"这个词，"强关系"是一个非常重要的概念，等会儿我会再仔细讲一下。另一个维度完全是我们提出来的，是说关系的来源是不是决定者的上级。关系的来源有很多种，可以来自同事、亲戚，也可以来自同学，这些都不是上级。当然也有来自上级的关系，比如说是决定者的直接领导，对于普通法官来说就是他所在部门的庭长，这就是一种上级的关系，这个维度也是非常重要的。如果说要对上级关系下一个定义，那就是只要对法院法官的利益产生直接影响的，就是上级。这在我们的行政体系中，大家应该不难理解。我主要是强调它不仅是法院内部的领导，比如说庭长、主管院长、院长，这些是非常直接的关系，上级属性很明显。但也有法院外对口部门的上级部门，比如说党委、组织部、政府、财政局、政法委，这些部门都在某一些方面对法官和法院的主要领导进行直接的管理，这也是非常直接的上级关系。

大家都知道在任命法院主要领导人的时候，党委、组织部、政府都是有发言权的。财政局不用讲，法院每年的经费预算都要通过财政局的审批。政法委就更不用讲了，它会审查法院是否符合某一考核的目标，比如说这个维稳情况做得怎么样，对各个法院进行排名，因此上面说的这些都算是他们的上级单位。我要讲的意思，等一下大家就会更加清楚。同时不同上级关系的影响力会不一样，"强关系"大家应该都知道，特别是学社会学的同学都会知道格兰诺维特在 1973 年有一篇著名的文献，叫《弱关系的力量》。那篇文章是由他的博士毕业论文改成的，讲的是就业市场。可能在潜意识中大家会认为"强关系"是最有用的，但是在文章中他说"弱关系"是最起作用的。什么叫"强关系"，什么叫"弱关系"，他在文章中做出了很经典的区分，这取决于互相交往的程度。比如你与他交往的频率，每个月见几次，比如见面时都在怎样的场合，比如交往是单维度的还是多维度的。单维度举个例子，你与同事每天抬头不见低头见，但只在工作的时候见面，并没有一起去吃饭、去郊游，交往的维度单一。这些都可能会影响到关系的强弱程度。在文章中他论述了为什么在美国就业市场中"弱关系"更有力量。原因很简单，因为强关系把很多信息给重叠了。你想想，我和我爸爸是强关系，我知道的工作信息，我爸肯定也知道，两个人强和强重合了，并没有什么用。可是弱关系的分布是很广的，比如你在这里是学生，你在外面的乒乓球俱乐部和别人打球的时候，可能会偶然谈起我想找什么工作，他说我正好知道哪儿有工作，要不你去试一下。格兰诺维特通过他的问卷调查，发现弱关系更有力量，美国就业市场中的大部分人是通过弱关系找到工作的。这就提出了社会学上非常重要的一个命题，"强关系、弱关系哪个更有作用"。

这就是我用来分析法院内部运作的两个维度，在调查研究中我们发现这两个维度都会给决策者带来义务感和压力。"强关系"就不用讲了，如果这个关系很强比如是我很近的亲戚。法官面对这样关系的时候，自然就会有义务感，他会认为这个事情必须做，从而产生压力。那上级领导安排的事情呢，就更不用讲。我访谈过很多法官，他们说，这是领导交办的事情啊，虽然领导的要求与我们平常的工作要求有差别，可是领导交给我的工作没做好，就会说明我在工作上太没有能力了，感到很大的压力。所以这两种关系都会给决策者带来压力，并直接影响到案件的最后处理结果，我建构了一个这样关系的类型学。

其中一个维度是关系的强弱，也就是关系的程度，另一个维度就是关系是否来源于上级。这在不同领域，结果就会很不一样，比如我们发现弱关系在美国找工作非常有作用。有一个中国学者叫边燕杰，大家有没有听说过，他就说要重新考虑这个事情：在中国找工作，是强关系还是弱关系有作用？边老师的研究数据是 1988 年的，在那个时候中国是计划经济的时期，结果一目了然，是强关系更起作用。你知道工作信息没有用，你要认识党委书记的太太才有用。你要看你认识谁，这才是关系。边老师在他的文章里，就对"强关系"和"弱关系"这两个概念做了更详细的区分，一个是信息，另外一个是影响。在美国完全市场化的条件下，能不能拿到信息是很重要的。可是在中国，光有信息没有用，得要有影响力才行，所以真正有没有用还是取决于影响。所以我的研究基本上是讲影响，信息是很少的。因为信息可以通过律师获得，法律是公开的，法律程序也是公开的。但并不是每个环节律师都知道，法官在信息获取上能起到一点小小的作用，但更关键的是在决定的过程中是否能起到作用。因此我建构起了这样的类型学，一个维度是关系的强弱，一个维度是关系的上级或者下级。

我们发现如果这个关系不仅是强关系，而且是来源于上级的关系，那么它的影响就是巨大的。大到什么程度呢？有可能超出法官的自由裁量权。本来关系就很好，上级又突然打了一声招呼，下面的法官有时候就拿鸡毛当令箭了，巴结还来不及呢。好不容易有这么一个机会，就会拼命去做。这时候可能就会做得非常出格，所以它的影响是非常大的，可能会迈到法律不允许的领域。为什么会这样呢？因为他觉得自己受到很强的保护，首先关系很好，另外我的决定是要上级来审批的，既然上级已经跟我打过招呼了，我就算做出一个稍微出格一点的方案，上级也可能睁一只眼闭一只眼就过去了。如果在法院，这些决定一定是要经过省委会的，既然领导们都心知肚明，那么这个事情也许就可以越过法律许可的范围了。这时因为它是两级交叉的，所以影响是最大的。

而上级弱关系呢，关系是来自上级，但是程度比较弱的话，我们认为它的影响是很大的。但基本上是在自由裁量权之内，因为这里面的信任基础不是那么牢靠。但是它又是来自上级的，会涉及下级法官的切身利益和将来的升迁，下级的法官就必须要考虑。甚至有些部门的领导不是你的直接领导，可也是你的上级，你也不知道什么时候，可能因为部门位置的流转，他会变成你的直接上级。所以他的任何要求，下级只要能够满足的话，都会尽量去办。但要是说到是否会超出法律的范围，我觉得超出的情况会比较少。

根据我的了解，在非上级的强关系中，下级法官虽然没有必要去做太出格的事情，但这个关系的影响也是非常大的。比如特别亲密的同事、亲戚找到你，如果你不努力去做的话，那在圈里就没法混了，他们会说你不会办事，这点要求都处理不了，还在这个位置上做什么呀！所以这种关系中，法官在法律许可的范围内也都会尽量办。

至于非上级的弱关系，此时的结果是最难以确定的。因为法官他可帮可不帮，对他没有实质的压力。这个关系本来也是转弯抹角找过来的，不是特别重要的层级关系，比如说很远的亲戚，甚至是不怎么谈得来的同事，这个事情撞到自己手里，结果就很难讲了。而且最容易涉及金钱问题，因为关系不牢靠，所以只能通过金钱的方式去处理，我这里会给一些例子，来解释这些事情。

比如说在上级强关系里面，我给大家讲一个电单车案。这个访谈来源于两个法院，一个是在西部比较落后的地区，那里关系无处不在。一个是在东部的发达地区，关系运作稍微弱一些，没有那么强，因为必须要讲规矩。这个电单车案是发生在西部法院的，案情很简单：有个人说他在一个社区存车的地方，存了自己的电单车，然后丢掉了，他就找保管电单车的人，索取三千块钱赔偿。可他拿不出保管电单车的收据。这个证据在法律上是非常重要的，它是证明你有没有保管过电单车的证据。他拿不出这个证据，他的唯一一个证据是社区的管理处开具的证明，写了他的电单车是某年某月某日丢的。可在开庭的时候，有人说这个证明是假的，因此案件的证据非常薄弱，很难判罚。本来是很简单的一个案件，法官正要做出判决的时候，院长给他打了个电话，让法官把这个事情汇报给政法委。大家都知道给政法委汇报的，一般都是当地重大的、疑难的、影响深远的案件。法官就跟院长去到政法委书记那里，发现丢车的人是政法委的亲戚。可是案情那么清楚，怎么做得下来？如果不满足这个要求的话，院长那里肯定批不过去，这个关系那么直接，政法委和法院之间的管理非常密切，会涉及法院的切身利益和排名，而政法委书记也决定着法院主要领导的评选。后来法官没办法，他想了一个办法：当事人质疑证明书是假的，可是一旦过了诉讼时效，举证就会失效。也就说证据提交已经过了时效了，不能起作用。于是就判了赔三千块钱，这是一个上级强关系的例子。

另外一个例子，更能让我们看到这个影响有多大。在我看来，已经超出了法律的许可范围。基本上正常按照法律来判的话，是不可能得出这个结论的。这是一个上级弱关系的例子，发生在东部发达地区，我称之为撤诉案。这也是一个很简单的案件，相连关系的几方涉及一个案件。案件中的一个被告他想上市，上市前他需要到证监会去审批，要想通过审批就要清理掉所有的诉讼关系。然后这个被告就想说服原告撤诉，但时间要求太紧。因为他星期一就要到证监会去提交他所有的文件，所以他必须在星期五下班之前拿到文本，但他星期四下午才去跟法官说希望撤诉。法官接到电话的时候，也接到了一个同事的电话，然后马上又接到一个刚刚从另一法院调过来的其他部门领导的电话。他回答说我没有接到这个案件，案子还没有按照正常的时间进行处理。大家知道在东部地区，案件是由电脑进行分配的。法官说他对这个案子没有印象，没看到过，领导就说既然被告已经做了工作打听到案子在你手里，你就赶紧去做一下。法官就很为难。因为按照正常的程序走，撤诉可以，但是必须要经过一段时间。因为当时有一个当事人是没有交上诉费的，这就必须要一段时间之后，才能启动撤诉程序。也就是说，不可能一天就办成这个事情。然后领导就让他想办法。他一想这个领导虽说不认识，没准什么时候就会成为自己的领导，还是要慎重，所以他当时就跟领导说，这个事情我可以去做，但明天文书出来的时候，一定要经过领导的签批。但是如果他有没有时间，我也是没有办法控制的，处理不了的话，那我一点办法也没有。第二天上午，他就采取了一个办法，让双方当事人到法院做了一个笔录，通过笔录形成新的证据。然后在下午出了一个文书，正好法官的领导有时间，就把这个文书给签出去了。这个案子在我看来是比较有意思的，是上级弱关系的一个例子。关系非常弱，他接到同事和领导电话的时候，发现跟同事和领导都不认识，跟他没有直接的交往，但是他还是非常尽力地去办。这个事情他只是在程序上做了加速，在法律实体上看没有任何问题，是在法律范围之内去运行的，但其实关系的影响也是非常大的。

而非上级的这种强关系，刚才我讲了，影响也是非常大的。有一个老人过马路案，发生在西部地区。一位老人70多岁了，过马路的时候，没有看红绿灯，被一个皮卡车给撞了。交警马上就处理，认定双方都有责任，但是皮卡车负主要责任，老人负次要责任。而老人的孩子是当地的一个行政部门的局长，马上就给在法院的同学打电话，请法院的同学帮忙处理一下。同学关系显然是非上下级的，可是他们的关系是比较强的，因为局长在前几年规定没有那么严的时候，经常会利用手里的资源，搞一些同学会，他们每年都会聚一下，在各种场合也都时常能碰得着，所以这个关系是很强的。法官马上就对案件进行了处理，给予了很多程序上的方便。比如说立案本来要三天的，但当天就立了，比如首先要交诉讼费但没交诉讼费也先立了。在实体上涉及了这样几点：一点是主要责任和次要责任的分配，按照法院常规的处理，主要责任和次要责任一般是七三分的，也有六四分的，但很少。因为有了关系，法官提交方案的时候，就变成了八二分。他们当时也想过是不是要变成九一分，但心里很忐忑，九一分的话太特殊了。虽然是要帮这个老人，这个老人的责任越小就越好嘛。但是如果九一分的话，很容易引起上级领导的注意，可能就要打通新的关系，会很麻烦。差一分可能也就是几千块钱的差别，整个赔起来也不会太多钱。另外比如说照顾老人的费用，本来按常规只能是有一个人的，法官提交时用了两个人的。我们可以看到在非上级的强关系里面，这个关系的作用也是很大的，但是基本上会在法律的领域之内，因为他担心会引起上级领导的注意。

而非上级弱关系，它的影响是非常弱的。我要讲的是另外一个发生在西部地区的案件。三个小年轻临时提议，盯上一个人，威胁他去拿他自己的银行卡取钱给他们。抢劫过程中，受害人找到机会报警了，于是这三个人被抓起来了。可是他们三人当中很难说谁是主犯，谁是从犯，因为三个人一起合计的，也没有特别的主谋。但这三个人是有排序的，排在第二和第三的这两个小孩，是当地法庭庭长的亲戚，所以就想办法能够判缓刑。大家都知道，缓和不缓在基本的刑事案件里面，是非常重要的一个事情。所谓缓刑就是不用在里面待着，基本上从看守所提出来，庭审，过堂，然后一判缓刑，就可以马上走人了。但如果判刑期的话，就得算，在看守所里面关了多少天，然后还剩下多少天，你就要继续回去待着。他们就想运作一下，怎么样让排在第二、第三的两个人都判缓刑，可是这个法庭的庭长和主要决策者的关系都不是强关系，主审法官的关系也一般，和办案的年轻法官关系还可以，可是这里面还涉及庭长和主管刑庭的副院长。于是他们首先请了庭长和主管的法官吃饭，然后又利用副院长结婚的机会，送了很高额的礼，他们想达到的目的，也和主管的副院长说了，希望能判缓刑，另外最好不要过省委会。因为缓与不缓的影响非常大，在很多基层法院决定缓不缓是要经过省委会的。但这个事情一旦要经过省委会，那决定可能就掌握在院长手里了，就更麻烦了，要打通更多的关系。最后他们这三个人里面，只有一个人判了缓刑，其中中间的那个孩子并没有得到缓刑，排在第一个是没有关系的，那肯定是要判实刑的了，虽然判了一个缓刑，但这个案件最终还是经过省委会了。所以从这个结果来看，对他来讲还是很不满意的，于是马上就上诉了，他们就又通过别的办法，在中院让另一个孩子也判了缓刑，按照他自己的说法，花了非常多的钱，才把这个事情办完。我讲这个的目的是想要说明，非上级弱关系的结果是不确定的，因为做决策的人，他没有压力和动机来做这个事情，关系不会对他产生任何影响。强关系很难有，可弱关系遍地都是，所以很多人都会找来，你到底帮还是不帮，要帮到什么程度，这个就很难去衡量。

我们发现不同类型的关系，会对结果产生实质的影响，并涉及关系的回报。大家可能会认为所有的关系和腐败都是一样的，都会涉及金钱和很强的回报。但是我们发现，当上级是强关系的时候，基本是不需要回报的，回报在哪里？回报是在长期的照顾和关照中，而形成这种心照不宣的默契。你是我的人，我保护你，我给你提供帮助，你给我做点事情，这个是太正常不过的事情，还需要回报吗？你就说判三千块钱的案件，还能有什么回报吗？不会有任何回报的，领导可能以后会关照，因此这关系可以进一步发展。而非上级的弱关系，因为关系很弱，所以他往往需要即时回报的，而且会容易涉及金钱。就像我刚才讲到的三个年轻人的抢劫案，你要不通过金钱，找关系的人自己都觉得不稳，如果没有一点表示的话，这个事情能办得下来吗？而其他两类是在这两者之间的，常常会以礼物和饭局这种形式出现，就是因为关系比较好或者比较强，所以基本上讲，即时的回报，金钱的回报是不必要的。在这种关系比较强的时候，还需要用金钱的话，往往就说明见外了。在不同的关系上，它回报的方式是不一样的。关系好像已经在中国的法院被描述得非常黑暗，但实际上这个关系是有限度的，不是所有关系都是这么横行的。

它的限度来自很多方面，这里提三个方面。比如说对方的关系，当你有关系对方也有关系的时候，关系就很容易抵消掉。我有这方面的一个案件，是关于信用社的。信用社放了贷款给了一个农村做水利工程的机构。想收回来钱的时候，双方都到院长那里找了关系。大家都知道，这个事情解决的方案很简单，就是调解。而这里面关系会受到法律的很大的制约。刚才我讲法官可以在不同的关系下面去运作，可是绝大部分关系的运作，都是在法律许可的范围内，然后在法律的自由裁量权下面去做。法官一般要保护自己，不要出格，不能因为有某种关系，而超出法律许可的范围，要不被别人查出的时候，你说不清楚。在我提到的电单车案件里，那名法官实际上也找了法律的理由，即使这个事情闹起来，他也大致能抵挡一阵，尽管不一定能抵挡得很清楚，可是也大致能说得过去。当时案件判下去，大家都能想象得到，是一个什么样的结果。某一天中午法官的办公室就被人围起来了，围的人都是看电单车老头的亲戚。老头看到这个判决被气病了，已经被送到医院去了。老头想怎么会有这样的事情，他一点证据都没有，怎么会判我赔他三千块钱？他们就纠着这个法官说，你到底是怎么判的，怎么回事？法官当时汗都出来了，然后找出法条解释，怎么回事，证据是怎么回事，为什么会有这个证据时效，然后不停地跟人家说，你要是觉得这个案件我们判得不好，你可以上诉嘛，你可以到中院去，把这个事情解决。因为他自己心里也很清楚，他这样一说，至少还有一些机会可以抵挡当事人的质问。政治稳定同样也是一个很重要的考虑因素，像刚才那个案件，就已经差点触动了政治稳定的底线。因为当事人可能不满，就会去上访，去闹，去静坐，去示威，这就会很麻烦。

另外一个案件也是这样，这是一个很小的离婚案件。在这个离婚案件里，女方是要坚持离婚并且找了关系。她显然是条件比较好，或者发展得比较好，而且人到中年，她不仅想要孩子的抚养权，还想要共有财产。她找的关系是法院里办案法官的一个同事，而且是比较好的关系。但办案法官一看这个案件就知道该怎么处理，反而利用这个关系说服女方。他说你现在发展成这样，经济上也很好，在关系上也不错了，肯定有外遇了，你离婚以后，可能马上就会有新的家庭出现。而男方就是个下岗工人，家里没什么钱。如果把抚养权和共有财产都判给你，男方很有可能要去上诉，要去上访，甚至会自杀。在这种情况之下，法院就会非常慎重，婚你可以离，其他东西你最好不要争了。你来法院打官司，只是想要一个离婚证，你根本不是来这里要钱的，这个财产你不要去要了。要是把这个孩子判给你的话，对男方的影响会非常大，他会失去他唯一的精神寄托。从这个意义上来说，我们就会发现其实不是说所有的关系，找了就肯定会有作用，法官也会考虑到，他的案件判出去以后，会产生什么样的影响。

从结论上来讲，我们的文章里引入了一个上级关系的维度，对关系进行重新分类，从而理解关系在法院内部，乃至中国政府机构内部的运作。大家可以想一想，这个关系到底有没有用？到底是从哪个地方来的？到底是强还是弱？我们大致可以推断出来，关系的作用强度。我们也可以通过这个来解释，为什么当前腐败很多，但是被发现得很少。原因很简单，因为大多数回报都是长期的，而不一定以金钱的形式出现，你是抓不到把柄的，大家都心照不宣，你帮我一个，我帮你一个，这个事情就处理完了，并没有留下蛛丝马迹。关系的存在，使得腐败很难根除，所以改革要从减少关系的运作着手。

在中国，首先应当着眼于上级的关系。如果大家对中国法院有所了解的话，就会发现它的体制是非常行政化的、官僚化的，所以来自上级的关系才会起那么大的作用。而当前的改革，也就是十八大四中全会以后的改革，更多的是想办法着眼于权力的分摊。就是法院内部的分权，但还是垂直的、上下级的，我们应该改变成水平的。比如说让各个审判员有更大的发言权，不需要经过行政领导的审批等。像这样的改革是会减少关系运作的，而加强职业化和市场化也能减少关系的运用。

强关系往往会更多地生存在比较封闭的地区，我在西部法院发现强关系的作用是非常大的。而且很容易就能找到关系，基本上只要涉及利益大一点的案件，就肯定会有关系找上门，而且关系的作用很难被抵消。而在东部的法院，你会发现大家非常重视规则的运行，不是说这个关系不起作用，关系肯定会起一些作用。弱关系不可能没有，你是消除不掉的。但是职业化和市场化起到一定的监督作用，肯定能帮助减少关系的运作。我就先讲到这里，谢谢大家。

交流环节

主持人：各位同学，听完了贺老师的演讲，我来简单总结一下。我觉得对我个人启发最大的，是刚才贺老师讲到的强关系和弱关系，这些我曾经在课堂上也讲过。同时我也在想贺老师的理论框架，我们在什么地方会用到呢？不知道大家有没有思考过，我们今天这个讲座是跨学科的。我就想到了我们社会学系和法律系的同学，法律系的同学，你的知识结构，你的文化背景，你的关系维度是比较单一的，就是刚才贺老师讲到的强关系。社会学的同学也是一样，你的知识背景是比较同质化的。这就造成了我们写论文的时候，社会学的同学只着眼于社会学的问题，法学的同学只研究法学问题，也就是说我们能获得的视野是很有限的，所以老师鼓励大家做一些跨学科的研究。贺老师虽然从北大到斯坦福一直做的都是法律研究，但也做了很多社会学视角方面的研究，给我们树立了一个很好的榜样。我在课堂上讲过，如果大家在找工作的时候，只跟我们社会学的同学交往，那就会永远只关注到社会学的那几个工作领域。我们法学的同学也一样，如果你只跟法学的同学交往，以后你找工作时，你只注意到法院、检察院、司法所、律师事务所这些工作。但如果你跟社会学的同学多交往一下，你就会有更多的工作机会和工作途径。我们社会学的同学也一样，会有更多的其他工作机会。这就把我们讲的"强关系"和"弱关系"引申出去了，对我们在座的每位同学都会有很大影响。

然后我也说句开玩笑的话，我们在座的每位同学，在择偶过程当中也是一样。如果你的择偶对象是你的同乡，或者同专业的，你的知识结构也是非常单一，或者你面对的世界是非常单一的。比如你们两个人都喜欢看电影，那你们就经常只去看电影，但是如果一个喜欢看电影，一个喜欢滑冰的话，那么你的生活世界就会不一样。所以我鼓励你们找伴侣的时候，比如工科的，可以找人文社科的。鼓励大家多参加社团活动，像我们做交叉学科研究一样，你肯定会有新的不一样的发现。今天这个讲座希望能对大家有所启发，不要局限于自己的专业，也不局限于自己已经学过的知识。

还有一点我想讲一下，刚才贺老师讲的"关系如何影响司法判决"的问题，其实我们社会学也有一些研究，中国社会学有一个叫"变通"的研究，就是刚才贺老师讲的，如何既办成事又能说得过去，我们的研究也是法学和社会学交叉的。我利用主持的机会多讲了几句，接下来我们留给贺老师和同学们，看看有什么问题想要交流。我想今天这个机会也很难得，万一有同学以后想去香港或者其他地方留学，可以跟贺老师联络，我们接下来看看有没有同学要向贺老师提问的。

学生甲： 贺老师您好，您刚才讲到司法改革应对的策略，其实主要还是保证审判的力度，就是说不受上一级的影响。但是您有没有考虑过，我们的改革现在也是说这些，您现在说的这个和现代行政体制、管制体制，中间是不是存在一种张力？政法委长期存在，改革的问题已经说了很长时间了，但我们现在依然改不了。还有很多行政化的东西，其实大家早就知道，但是一直都没有改过。在这一轮的司法改革里，您觉得要不要限制这种张力，从而使关系影响更小，还是说这个东西就改不动了？我想在这方面听听您的观点，特别是针对这一轮司法改革前景的。

贺　欣： 我觉得从我这个研究的角度来讲，它会有改革的空间的。因为我们的行政化强到什么程度了呢？是强到法院和其他行政机关相差不大的一个程度，就是说审判权被行政化或者官僚化，并且已经到了无以复加的地步。比如说一个案件法官开完庭以后，还要庭长去签字，庭长签了甚至还要主管院长去签字，有一些案件还需要省委会和全院的主要官员来批。实际上说，这些地方可以改动的空间是很大的。在东部地区，已经有这样的试点，比如说有合议庭。基本上合议庭审完以后，就不用任何庭长和院长签字，那这时候影响就比较小。合议庭里面当然也还存在这种关系，谁是审判长，谁是审判员，业绩到底是谁来评价的，都会有这种关系，不能完全去除。这在很多地方是可以做的，如果愿意做下去，空间是很大的。特别在我已有的研究里面，这个上下级关系的影响是非常大的，你想想你的顶头上司跟你交代一个事情，你哪有说不努力去办的道理。但是这个事情是否会按照法律正常的方式去办，这个里面就会有差距，主要取决于关系的影响程度。如果要去做的话，我觉得这有很多做的空间，东部的法院已经开始做了这方面的努力，可以说是好了一点。

主持人：好，我们其他同学有没有问题？

学生乙：我再问一个，费老原来说过这个关系，我就在想，西方同样是有关系吧？

主持人：有。

学生乙：他也有亲戚朋友，也有自己的熟人关系。

主持人：对，是有。

学生乙：为什么差异这么大呢？在费老写书的年代，也就是上个世纪 40 年代。而今天像北京这样的地方，已经非常现代化了，为什么关系还是这样？并没有像西方一样，为什么中国是这样的呢？

　　贺　欣：我觉得这个问题提得很好。如果反思我生活过的地方，不管是中国香港还是美国，关系肯定都有的，腐败也是有的。但是肯定不会到我们这样的地步。如果你一定要找到解释，为什么物质发展没有影响关系的运作呢？我觉得可以有两个基本的思考维度，我觉得一个是文化性，很多人说中国可能天生就更注重关系，已经有一系列的研究讲到中国社会本来就有关系的特质。如果别人讲到我跟你的关系怎么样，这就涉及感情、回报、义务感和压力感，这些东西对中国人来讲，是不是特别重要呢？我觉得这个有可能是一个解释。如果朝这个方向去想的话，首先就会想到台湾地区。因为文化是一致的，台湾地区是不是也是这样的一种方式呢？但在80年代的台湾地区，有一篇学者的论文就讲到关系并不是中国文化的特质，我觉得一部分的答案是可以从这篇文章中找到的。

　　我觉得另一个维度就像刚才讲的，行政化和市场化是两极关系，而在中国这种行政化还是太强了。如果完全市场化了，那么强关系的作用显然就会降低。原来我们的强关系，在80年代都用来处理什么样的问题呢？处理的都是比较稀缺的商品，比如凤凰牌自行车、彩电，这些市场上买不到的东西就要通过关系来买了。但是现在有了这些东西以后，可能关系就用来处理孩子上学的名额了。已经完全市场化的东西就不重要了，钱可以解决的，就不用通过关系处理，只要这个市场化程度在不断加强，我觉得在体制上就会有进一步发展的空间，这个关系的问题迟早是要解决的。我是这样想的，但是思考得还不够细致。台湾地区那边变成什么样了，我也不知道，但我希望有机会能更多地去了解。

主持人：贺老师，您觉得除了在法院关系影响裁决之外，其他机构有没有呢？

贺　欣：我觉得这是一致的，至少对政府机构是一致的，而且只会更明显。我这里讲到关系的限度，并不只是法院里面才有的，在其他政府部门也有，政府只有更强而不会更弱。因为政府部门做决定的时候，它把这个项目给你还是给别人，这里其实是没有对手的，而法院是有对手的。比如说我讲到三个年轻人的抢劫案，其实第一个没有关系的被告人的父母是很有意见的，因为他们没有关系。为什么他被判刑而另外两个放出来了？在那个刑事案件里，三个被告人之间互相比较，在其他的刑事案件里，可能就没有对手了。比如说只有一个强奸犯，这个强奸犯到底要判七年还是十年，法院说了算，但差一年就差很多了，这个是人身自由的事情。这个是没有对手的，因为抢劫的那个人，只要被起诉了，到底他是被判七年还是十年？与我也根本没有什么关系，基本上检察院只要不说他无罪，我们也管不到。

实际上刑事案件都很像，比如政府提供稀缺资源的时候，就很容易滋生腐败，产生关系运作的空间。而在其他领域，比如经济案件，那就不行了。你把利益给甲方，乙方肯定不满，要判罚的这个钱要谁出，是受很大限制的。这个事情一定要扩大来看，看它是在法院还是在政府的运作更重要，我觉得这个模式会更好地解释其他部门关系的运作。

主持人： 我想大家现在都很关心招生这个事情，因为原来招生过程中有很多您刚才讲到的上级强关系、上级弱关系。虽然现在高考招生问题很敏感，但我觉得它还是相对公平的。这些上级强关系、上级弱关系，在划考线上起的作用是非常有限的，600 分能上北大，就只有 600 分以上才能上北大。当然可能还有一些其他地方，比如艺术特长生、体育特长生，但也会有相应的要求，比如必须满 400 分或者怎么样。

贺　欣： 现在出台的这个法律规定得特别死，基本没有什么空间了。而且现在这个问题非常敏感，大家都盯着，当然谁都不敢去触碰。关键是中国法律和政府部门不像定高考分数线那么死，你提档只能提 120%，而且这个是公开的。我们每个人都可以在电脑上查到你的分数是多少，有多少人过线了。如果事情都公开到这种程度，那么关系的运作空间就很小了。但是法律上的这些事情，到底是 82 分还是 37 分，到底判三年还是判三年零六个月，这是有很大的任意裁量权的。你说赔偿的金额怎么计算，按什么标准，实际上这是有很大空间的。政府也一样，你说出租车收费，到底是收一块钱，还是收一块五，这是政府说了算的，但这个空间是没有办法完全消除的，不是说所有的事情都能像定高考分数线一样。也就是说，制度是没有办法完全消除自由裁量权的，只要有自由裁量权，就可能有关系的运作空间。

刚才我讲的，如果有上级关系的话，没准可以超越这个底线。像刚才提到的抢劫案，法官跟我们讲如果说关系的来源不是法庭的庭长，而是法院的院长，你想想这个结果会怎么样？上省委会就上省委会，上省委会都说同意缓刑，心照不宣地就解决了嘛，而且这完全是合法的刑事处理。下面的人肯定就提议缓刑了，然后大笔一挥，庭长当作没看见。省委会一看，投票结果是 10∶1，决议通过，这个事情就办下了，一点问题都没有。但是他只是一个庭长，他搞不定这个事情。所以每个情况都要看它的具体情景，但是我提出的这几个基本维度能很好地帮助我们去思考这些不同类型的影响结果。

学生丙：我再问一个问题，跟您刚才讲到的这个有关系。您刚才讲的这几个案例，电单车案里看车老头亲属闹事。可本身我们诉讼法的制度上规定有上诉、抗诉或者审判监督的程序。如果一审的时候就完全把事情做完，那么刚才那四个案子除了上诉的那个，理论上来讲另外三个都有一定的监督或是救济程序，但您刚才说的这四个案子都没有人去抗诉，也没有人启动任何的审判监督程序。我的问题是，像单车案这样判罚三千块钱特别小的案子，如果你上诉就需要再找相关关系，那么腐败的空间就小了，可是这个案子的成本就更大了。那么，在您的研究里有多少是这种通过上诉、抗诉或者审判监督清除掉腐败和关系的呢？

贺　欣：首先问题很好，但是材料不允许我回答这个问题，这种材料是非常难得到的。

学生丙：它不是一个真正的案子？

贺　欣：它是真正的案子。但是这种案件，比如说电单车案，我会问一下到底要不要上诉了，可能他觉得上诉了就是去中院处理，处理完了以后，就要看政法委书记有没有能力影响中院的判决。影响不了中院的判决，他们就心安理得了，反正也办不了了，也算没有办亏心事，那就完了，并不知道到底是怎么处理的。但是如果你要讲，我们民事诉讼上面的上诉和审判监督程序，在多大程度上，可以纠正我们所谓的社会不公的话，我只能说这是另外一个问题。而且这个问题我也有研究，我可以告诉你，这个作用是非常小的。原因很简单，你上诉之后，中级人民法院要不要更改这个上诉案件的判罚，这是一个很慎重的事情。改的话会影响下级法院的业绩，而且改了以后，就需要经过省委会，这是非常不好改的，所以一般能不改就不改。因此很多事情在一审法院就会有很大的发言权，如果到中审法院，那就更不用讲了，影响会更大。从上诉渠道来思考的话，它的作用是很有限的。像老人过马路案，本来也没涉及多少钱，医疗费花个一两万块钱，这个钱到底是二八开还是三七开，能改到哪儿去？

学生丁：我们可不可以换一个角度讲，由于有这些审判监督和法律救济这样的对抗程序，在一定程度上，是不是也限制了关系的作用？

贺　欣：它已经在一定程度上限制了。法院如果跟其他政府部门相比，其他部门的权力会更大，关系运作的空间也更大。所以相对来说法院还是可以的，因为毕竟司法腐败问题谈得很多，法院的社会监督也很多。不仅有对双方当事人的，还有对律师的。如果这个案子里有律师，法官就会慎重一点。律师已经知道，判决过程中有没有猫腻。国外的法官就更不用讲了，同行之间已经形成了特定的做法和规范，只要某一个法官不是按照常理出牌，大家马上就会知道这里面有问题。大家都是三七开，为什么他是二八开？出了几次以后，他在这个圈里就很难混下去，他在那个文化里面是不被允许存在的。而我们这里，至少在我了解的西部法院里面，这个情况就太普遍了，可能每个案件都会有。

主持人：好的，今天谈到了关系与司法决定这样的一个交叉学科。还有没有同学要提问的？如果没有的话，今天就到这里，因为时间毕竟有限。贺老师这次专程过来，还有很多安排。没有同学要提问的话，我们今天的讲座就到这儿。让我们再次用掌声感谢贺老师。

社会全球化背景下的社会工作 *

宋贵伦 **

主持人：各位老师、各位同学，大家下午好！今天我们举办的是陆学艺学术讲座第二十一讲。我们非常荣幸地邀请到中共北京市委社会工作委员会书记、北京市社会建设工作办公室主任，也是我们北京工业大学社会工作专硕的校外兼职导师宋贵伦研究员给我们做这场讲座。宋贵伦书记多年致力于社会建设的实践探索和理论研究，对社会工作有很深入的思考和丰硕的成果。相信这场讲座会使大家有许多收获。让我们以热烈的掌声欢迎宋老师为我们做报告！

宋贵伦：尊敬的各位老师、亲爱的各位同学，大家下午好！非常高兴今天有机会来给北京工业大学的老师和同学们汇报学习体会和工作心得。到高校来，特别是跟本专业的师生交流，是班门弄斧，诚惶诚恐。但是，我作为北工大兼职教授，有责任来向大家汇报。

* 本讲为"陆学艺学术讲座"第二十一讲，时间：2015 年 12 月 20 日，地址：北京工业大学人文楼 808。

** 宋贵伦，中共北京市委社会工委书记，北京市社会建设办公室主任，北京市社会建设工作领导小组办公室主任。

我汇报的题目是"社会全球化背景下的社会工作"。

什么是社会工作？什么是社会建设？目前无论是在学界还是在实践领域，都有许多不同的说法和概念。我想从两个视角给大家解释。

一个是从字面的角度。去年党的十八届四中全会期间，北京电视台播出的六集大型纪录片《社会时代》的主题歌，歌名叫"手拉手"。不好意思，我是这部片子的总策划和总撰稿，主题歌歌词也是我写的。这部片子编拍了三年多的时间。去年12月4日，我国第一个宪法日，中央电视台《社会与法》栏目还在此基础上编播了一个精华版。我想通过艺术方式，用这首歌诠释一下我对社会工作的理解。歌中唱道："一个人向前走，两个人手拉手，三个人是一家，社会是我们大家的家。一个人举把伞，两个人把手牵，众人围一起啊，我们撑起一片天。"比较直白，这是我对社会工作包括社会建设工作的一个文学化、形象化的理解。创作灵感来自我对中国文字的理解。大家知道，中国语言文字是表意文字。一"人"为"个"，二"人"为"从"，三"人"为"众"，多"人""云"集为"会"。强调"一个人向前走"，是想表达作为一个社会人，应该有担当，应当有克服困难的意志，要坚定地向前走；"两个人手拉手"，是想强调人与人之间的关系，应当是互相帮助、互相协同的关系；"三个人是一家"，是想强调作为一个家庭也好，作为社会公众也好，都应该努力构建和谐社会。"社会是我们大家的家"，社会工作说到底就是群众工作，是服务群众、动员群众、组织群众、引导群众的工作，我们所有工作的出发点和落脚点，都是在党和政府的领导下，把社会和群众动员起来、组织起来，让整个社会活跃起来、和谐起来。这是我对整个社会工作和社会建设工作的一点粗浅的理解。

第二个角度，想从本部门工作职责的角度，谈谈我对社会建设工作的理解。八年前，2007 年 12 月 2 日，北京市委社会工委、市社会办成立。市委、市政府给市委社会工委、市社会办定了八项职能，简称为"2+6"。两项综合职能：一是市委、市政府关于社会建设工作的政策研究和规划制定部门；二是市委、市政府关于社会建设工作的综合协调部门。市委、市政府设立了市社会建设工作领导小组，市委书记是组长，市长是第一副组长，市委副书记、常务副市长、市委秘书长和市委、市人大、市政府、市政协的主管领导是副组长，这是一个综合性的领导小组，成员单位共有 46 个，几乎市委、市政府的成员单位都在里面，说明社会建设工作和大家都有关系。市社会建设工作领导小组办公室设在市委社会工委、市社会办，我兼任领导小组办公室主任。六项具体职能指：牵头协调推进社会领域党建、社会服务、社区建设、社会组织建设、社工队伍建设、志愿者工作。

开头用我创作的一首歌和我部门的职能，谈谈我对社会建设工作的理解，算是引言。今天借此机会，围绕社会全球化背景下的社会工作，我想给大家汇报四个部分，归纳为"四个把握"，即把握时代特征、把握中国特色、把握首都特点、把握社会特性，这也是我们努力的方向。

首先汇报第一个问题——把握时代特征。

我有一个基本判断，我认为，现在我们不仅进入了经济全球化时代，而且已经进入了社会全球化时代。整个世界已经进入了社会全球化时代，我们中国也进入了这个时代。我想从两个角度给大家讲解这个问题，一个是从历史发展逻辑的角度，一个是从特征判断的角度。

从历史发展的逻辑讲，七十年之前，上个世纪上半段之前，整个世界是战争时代。上个世纪上半段，打了两次世界大战，各个国家内战不断，整个世界打成一片。一直到1945年，中国人民抗日战争及世界反法西斯战争胜利，整个世界才开始进入和平发展时代，进入社会发展和改革的时代。上个世纪上半段乃至之前的世纪，欧洲工业革命快速发展，为整个世界的经济发展提供了强大动力，创造了经验，应当说是贡献很大，但是在工业革命过程当中，资本主义的弊病越来越凸显，在经济发展起来之后，老百姓的生活水平没有多少提高，资本主义和帝国主义靠世界掠夺和剥削劳动者剩余价值来发展。在这种大背景下，欧洲就不断爆发工人阶级武装暴动，就产生了社会主义的理想和理论，由空想社会主义到科学社会主义。在这种背景下，就产生了马克思主义理论，产生了《资本论》，工人阶级和知识分子，特别是马克思主义者都深刻认识到资本主义有很多弊病，应当建立社会主义制度，应当实现共产主义理想。

　　第二次世界大战结束之后，欧洲的统治者们，从工人武装暴动当中，从马克思主义理论当中，从科学社会主义理论当中得到启发，开始调整资本主义统治的方针和政策。于是，在快速恢复经济的同时，加快推进社会发展和改革。于是，在上个世纪五十年代，欧洲国家，特别是西欧和北欧，把建设"福利国家"当作欧洲社会的时代精神和基本制度提了出来，在资本主义国家、在欧洲推广。核心的内容是"三U"的思想：预防社会风险的普享性原则（universality），社会风险共当；福利行政管理的统一性原则（unity），共享福利；每人受益的均一性原则（uniformity），大家都要共享社会的福利。到了1965年，美国政府也是以立法的形式，开始实施"伟大社会"计划，核心内容也是三个方面，推动教育、医疗和民权的改革发展和公平，强调教育公平、医疗公平和民权公平。这样，在20世纪50年代的欧洲、1965年的美国，特别是在美英的带领下，整个资本社会开始推动社会发展制度的建设。资本主义的殖民地国家和地区也亦步亦趋，在发展经济的同时来推动社会的发展，包括"亚洲四小龙"。到了上个世纪八九十年代，南美国家在经济发展的同时，出现了严重的贫富差距，陷入了中等收入陷阱，南美的一些国家也开始重视社会建设和发展问题。到了上个世纪末、本世纪初，特别是2003年"非典"之后，党中央提出了科学发展观，提出了构建社会主义和谐社会的理论和方针，把社会建设当作事关全局的重大任务，提到了全党面前。纵观七十多年的历史，如果说，以欧美国家上个世纪中叶开始重视社会改革发展为标志，整个世界开始进入社会时代的话，那么，以最大的发展中国家——中国本世纪初高度重视社会建设为主要标志，整个世界进入了社会全球化时代。这是第一个逻辑——历史发展的逻辑。

再从特征判断的逻辑讲，我认为社会全球化时代有四个显著特征。

第一个特征是城市化。大量农村人变成城市人。城市化是社会发展的重要显著标志。城市化与社会建设和发展是相伴而生的。农村当然也有社会发展问题，但是，农村地区社会发展的问题，还提不到全局性的高度。根据十八届五中全会公布的数据，我国城镇化率达到 55%，已经从一个农业化国家跨入了城市化国家的行列。尤其在最近十多年的发展过程中，我们国家已经形成了京津冀、长三角、珠三角三大城市群，正在形成以武汉为中心的长江中下游城市群、以成都和重庆为核心的成渝城市群。在未来的五年之内，我们国家将形成五大城市群。在这五大城市群当中，长三角为世界级、国际化的城市群。目前，我们国家已经有 15 个人口超过一千万的超大型城市，这 15 个超大型城市，基本上聚集在五大城市群范围内。以城市群发展、大城市发展，辐射周边，带动全局，这是城镇化的必然规律。我们国家已经进入这个阶段。所以，社会建设的问题，已经同城市化相伴而生地提到全党和全国人民面前。

第二个特征是流动性，大量户籍人变成流动人。人才流、资金流、物质流，流向大城市，流向发达地区，这是发展的必然规律，是不可逆转的、不可阻挡的规律。人口也是如此。给大家报告五个数据：第一个数据，目前，北京的实有人口是 2173.5 万，其中非户籍人口 800 多万，占 37%。其实，从公安部门反映的情况看，可能不止这个数。在户籍人口当中，还有 60% 到 70% 的人是人户分离。所以，人口流动是一个非常显著的特征。第二个数据，在北京流动人口当中，70% 为农民工，600 多万农民工在欧洲是一个很大的数目。第三个数据，在北京的流动人口当中，一半的人为流动青年，"80 后""90 后"，结构发生了很大变化。第四个数据，在北京青年流动人口当中，20% 为大专以上的流动青年，叫流动知识青年。第五个数据，北京流动人口中有 80% 来自河北、河南、山东、黑龙江、山西、安徽。告诉大家这五个数据是想说明：第一，将近一半的人为流动人口，大部分为人户分离，这就要求我们制定政策、执行政策的时候，要从实有人口的角度出发。完全按照户籍、户口的思路抓服务、抓管理，已经非常有限了。第二，农民工为北京的城市发展、老百姓的生活，做出了很大的贡献，但是这个人群并没有完全享受到北京人的公共服务，这里面既有服务水平不够的问题，也有国家政策的限制。中宣部和北京市的老领导徐惟诚同志专门研究这个问题。他认为"第三代农民工"将是城市服务管理中的一个突出的社会问题。80 年代、90 年代初，第一代农民工到北京来打工，为了挣钱，他们可以忍受一些不公平的待遇；第二代农民工因为自己的父母和别人的父母不一样，也可以勉强凑合；到了第三代农民工，问题就来了，"我的父母就出生在北京，为什么你可以上好小学，我不行？"所以，我们要很好地关注这一群体，特别是从国家层面上，要建立一套打破户籍、身份界限的公共服务体系，否则，将来会带来一些社会问题。第三，青年流动人口多。外来青年到北京来，想享受跟城里人一样的物质生活和文化生活。如果我们服务管理不到位，就极易产生群体性的社会问题，因为年轻人思想比较活跃，容易激动。第四，20%的青年流动人口是流动知识青年，是"北漂""蚁族"，也叫"一外""二外"。所谓"一外"，就是外地生源到北京上大学，结果毕业以后户口没有留在北京，不回去了，在中关村周边、CBD周边打工；"二外"就是外地人在外地上大学，但是毕业以后，在当地找不到工作，来北京了。这些人思想更活跃，更有知识、有见解，服务好了，就是正能量，服务不好，就容易产生一些问题。所以，团市委搞社区青年汇，专门做这个群体的工作。第五，80%的流动人口集中来自六个省，是想说明以乡籍为纽带的群体集中在北京，来自同一个地方，住在同一个区域，甚至是在同一个单位打工，极易发生以乡籍为纽带的群体性事件。这些群体性事件里，有一些必然因素，需要引起我们的高度重视。

第三个特征是社会性，大量单位人变成社会人。过去一见面，"哪个单位的？哪个村的？吃了吗？"现在很少人这么问，顶多是

"在哪里发财？你干什么工作？"我们都生活在社区，有相当多的人工作在社区；拿北京来说，至少 75% 的就业人群在非公企业；越来越多的人已经或将要加入这样或那样的社会组织，至少是兴趣爱好类的组织。这就要求我们要根据新的情况，把社会领域的人再组织起来，通过社区、社会组织、非公经济组织的形式和渠道，组织群众、动员群众、服务群众。

第四个特征是信息化，自然人变成了信息人。十八届五中全会把社会信息化同世界多极化、经济全球化、文化多样化并列，作为当今世界的一大特征。过去信息不发达，给文艺创作留下了许多空间，好多悬案、疑案成为小说、电影、电视剧的素材。现在不行了，人人是媒体，举起手机，一个信息几秒钟就能传遍全球。如果按照以前的方式，一开会开几个月，层层传达，黄花菜都凉了，这就要求党和政府在做决策之前，一定要有社会风险评估机制，要有预案，这都是社会时代的新特点和新要求。

城市化、流动性、社会化、信息化，是社会全球化的四个显著特征，在我们国家也越来越凸显。社会全球化同经济全球化一样，是发展的潮流，给我们带来大量的发展机遇，我们要像抓经济全球化的机遇一样，抓住社会全球化的机遇。与此同时，跟经济全球化一样，社会全球化也时刻面临着危机，像经济危机一样，社会危机也可能会到来，而且，我认为社会危机比经济危机来得更突然，更猛烈，更持久，更广泛，我们必须高度重视这个问题。因为信息化的时代已经到来，我们对这个问题的认识已经远远不够。经济建设与社会建设是密不可分的，没有经济建设作为基础，社会建设很难推动，但是，经济建设和社会建设毕竟是两码事，并不是经济建设搞好了，社会建设就自然而然地搞好了。无论是国内还是国外，有社会问题的国家和地区中，既有发达的国家和地区，也有落后的国家和地区。比较典型的是西亚和北非国家，最近几年动荡持续不断，从一名下岗青年的事情引起一个国家政权的更迭，进而引发西亚和北非地区持续不断的动荡，牵动全球。这个教训应当引起我们的高度重视。社会危机的"蝴蝶效应"，要比经济危机大得多，对于这一点我们应当有清醒的认识。

社会全球化在带来机遇的同时，也给我们带来了严峻的挑战，任何问题都有两面性。城市化带来了大城市病，我们深受其害，今天中午北京刚刚解除雾霾红色预警。大城市病的问题，不仅是一个地方的事情，非常复杂。去年，我在东方卫视看周立波的脱口秀节目，他和上海人、浙江人说："我们年初的时候还笑话北京，说北京雾霾很厉害，在天安门广场看不见毛主席像。现在好了，我们在上海、浙江，从兜里掏出一张百元大钞，举起来都看不见毛主席了。我们比北京厉害多了！"解决大城市病的问题，需要我们走"城乡一体、区域协同"的发展道路，需要我们深入研究。流动性使资源集聚，这是正能量，但是过快、过度、过量，特别是超出承载力的流动，就会带来一些问题。北京的问题目前就是如此，城市发展很快，人口增加的数量已经超出了北京的承载力，特别是水资源的承载力。解决流动人口增长过快的问题，需要按照实有人口的思路抓好服务管理。社会性带来了单位制解体的问题。单位制解体之后，要求社会重新组织起来。沿海地区开放得比较早，经济比较发达，但是老实说，在打破传统体制之后，新的体制，特别是新的社会体制并没有完全建立起来，所以，现在某些地区，在经济很发达的城市，不断有突发性的大事件出来。信息化带来了新挑战。实有社会里有的东西，虚拟社会里全有；实有社会里没有的，虚拟社会里也有。原本是虚拟社会伴随着实有社会走，结果现在是实有社会被互联网和虚拟社会绑架着走。如何建立一套既符合国际惯例，又符合中国特色的互联网管理体制和机制，还有很长的路要走。马上要开第二届世界互联网大会，我们实际上是朝着这个方向努力，但这个事情解决起来不是那么容易。

解决这些问题，只有靠改革和发展，只有通过社会建设、社会发展和社会改革，才能解决我们面临的新情况和新问题。

这是第一个部分，讲把握时代特征，核心观点就是我们现在已经进入社会全球化的时代。

下面，汇报第二个问题——把握中国特色。

在中国特色的社会主义道路上，如何加强社会建设，深化社会体制改革，创新社会制度，由我们的国情、党情和市情所决定，我们要借鉴世界经验，但是不可以简单照搬。

应当说，我们党和政府历来重视社会建设。《毛泽东选集》四卷的开卷篇就是《中国社会各阶级的分析》。毛主席从来都把社会问题当作党和政府决策的重要出发点。新中国成立之后，特别是社会主义制度建立之初的《论十大关系》和《关于正确处理人民内部矛盾的问题》，都是对社会问题进行的分析。

我们党和政府是靠社会发家和兴旺发达起来的。我们党是马克思主义性质的政党，是工人阶级的先锋队，但我们党成立快一百年了，在党的成分里面，工人阶级到目前为止也没有占到大多数。我们党是从党情和国情出发，按照马克思主义的性质，按照工人阶级先锋队的标准，把各个社会阶层的先进分子吸纳到党内来，这就是中国共产党。我们党是靠社会各个阶层的先进分子加入和团结奋斗发展和发达起来的。我们国家走社会主义道路，把工人阶级、农民、小资产阶级、民族资产阶级等社会各个阶层团结起来，我们国家也是这么发家和发达起来的。所以，我们一定要牢记，这就是中国国情、中国共产党党情，应当始终把社会的建设当作我们的基础，当作我们的传家宝。

但是，由于主客观条件的限制，我们党真正把社会建设作为全局性的重大问题提出来，是在十一年前的2004年召开的党的十六届四中全会。十六届四中全会做出的关于提高党的执政能力建设的决定当中，专门有一章是关于"提高党构建社会主义和谐社会的能力"的，首次明确提出了构建社会主义和谐社会的论断，提出了加强社会建设、创新社会管理问题。所以，在我们党的社会建设历史中，应当把 2004 年党的十六届四中全会作为一个里程碑，它开辟了中国特色社会主义社会建设的新阶段。陆学艺先生主持编撰的《北京社会建设 60 年》以及他的很多报告也谈了这个观点。到了 2006 年，中央做出关于构建社会主义和谐社会的决定，进一步展现了四中全会的观点。2007 年，党的十七大首次把社会建设同经济建设、政治建设、文化建设相并列，纳入"四位一体"的中国特色社会主义事业的总体布局当中。我认为，以党的十七大为标志，开创了中国特色社会主义社会建设的新局面。十七大之后，北京、广东等地成立了社会建设工作机构。从我们现在掌握的数据来看，中国社会建设进入快车道是从 2006 年十六届六中全会和十七大开始的。

党的十八大以来，以习近平同志为总书记的党中央，更加重视社会建设、改革和治理问题，提出了一系列新思想、新要求，站在"四个全面"的新高度，进一步打开了中国特色社会主义社会建设的新境界。一是党的十八大把全面建成小康社会确定为中国特色社会主义建设的总目标，在这个目标当中，把社会建设当作一个重大目标提出来，纳入"全面建成小康社会"的总目标当中；二是党的十八届三中全会用社会治理代替社会管理，明确提出全面深化改革的总目标是完善和发展中国特色社会主义制度，加快推进国家治理体系和治理能力现代化，并把社会治理作为国家治理的重要内容、重要任务提了出来，将其纳入"全面深化改革"的总任务当中；三是党的十八届四中全会提出了法治国家、法治政府、法治社会一体建设，提出了加强法治社会建设的任务，将其纳入"全面依法治国"的总任务当中；四是最近几年来，党中央强调加强党的建设，惩治腐败，把加强社会领域党的建设纳入"全面从严治党"的总任务当中。社会建设、改革、治理被纳入"四个全面"的总格局，使我们对社会建设改革治理的认识更加高远，开辟了新境界。

通过学习党中央和习近平总书记一系列重要论述，我深切感受到社会建设、社会改革和社会治理都是事关全局的大概念、大事情。

第一，社会建设是大概念、大事情。前两年过度强调社会管理，认为社会建设是社会管理的重要组成部分，认为一手抓建设，一手抓管理，把两者放在并列的地位，这都是不恰当的。北京市委、市政府早在 2011 年就出台市委文件和市政府"十二五"规划，明确提出，社会服务、社会管理、社会动员、社会环境、社会关系、社会领域党建是社会建设的六大体系，社会管理只是社会建设当中的一个组成部分而已。社会建设是大概念，社会管理是小概念。在"五位一体"的格局当中，社会建设同经济建设一样，都是基础性、长远性、根本性的概念。我曾经写过文章，在有些场合也讲过：如果说，武装斗争、统一战线、党的建设是新民主主义革命时期的"三大法宝"的话，我认为，在社会主义现代化建设时期，经济建设、社会建设和党的建设是"新的三大法宝"。所有的问题都是在这三个问题之下。如果没有雄厚的经济基础和社会基础，没有党的建设作为保障，那么久而久之一切都谈不上。所以，社会建设是处于很基础、很综合的地位，是个很大的概念、很大的事情。

第二，社会改革也是大概念、大事情。我们讲，改革要从问题出发，要从需求出发。问题在哪里？当然是在社会。需求在哪里？当然是在老百姓。所以，社会问题、社会需求，是我们所有改革的出发点和落脚点。陆学艺先生在生前提出了非常著名的观点——改革阶段论。他认为，中国改革可以分为四个阶段：首先是从改革开放之初到现在三十多年的时间，以经济改革为重点；现在到了以社会改革为重点的阶段；再经过二三十年，是以政治改革为重点的阶段；最后才是文化改革阶段。国外的一些专家也有不少人赞同这个观点。我本人也赞同这个观点。从中国的国情出发，有重点、有步骤、分阶段地向前推进改革，这是中国特色社会主义道路的显著特点。没有雄厚的经济基础，没有全面的经济改革，盲目地推进社会改革和政治改革，在这么大的国家，面对这么多的人口，是要出大问题的。在偏远落后地区，几十块钱，几块钱，甚至一包烟，就可以换一张选票。没有雄厚的经济基础，没有一定的社会文明作为支撑，政治民主是谈不上的。这丝毫没有否定政治体制改革和延缓政治体制改革的意思，因为我们中国的任何改革，实际上都是以政治体制改革为主线的。当年的经济改革推动政企分开，这既是经济体制改革也是政治体制改革；当前的以推动政社分开为重点的社会改革，既是社会体制改革，也是政治体制改革。我们政府不再干预经济的发展，不再干预社会组织的发展，这不仅仅是经济改革和社会改革，而且是重大的、重要的政治体制改革。如果政企分开、政社分开、政事分开，这些经济、社会的改革全部到位之后，那么真正的政治体制改革也就所剩无几了。中国的国情决定，我们党作为唯一的执政党，党领导下的政府工作，每一项改革实际上都是政治体制改革的重要组成部分。所以，社会改革是很重要的事情。十八届五中全会通过的"十三五"规划建议，是以社会发展更高目标为导向的全面改革发展规划，要求以群众需求为导向、以社会问题为导向来推动整个经济和社会的发展。"五大理念"很重要的是从社会角度出发。

第三，社会治理也是大概念、大事情。相对于社会管理而言，社会治理是更大、更综合的概念。我是学中文的，所以，我想从小的角度，从文字的角度做一个解释。"管"和"治"的本义是不同的。"管"的本义是竹简，后来引申为两个本义，一个是乐器，管乐、丝乐、敲打乐，另一个是锁门的锁和钥匙，古文里面"管"经常作为锁门的锁出现。在我们老祖宗那里，在没有金属的时候，锁是用竹条编制的，后来有了铁锁。现在在农村还能见到这样的锁，叫挂锁。"管"有时也代指钥匙。所以"管"和"官"是相通的，官者管也，拿钥匙的人就是当官的人，是做管理的人。在宫廷里面，拿钥匙的人是当官的人。在家里面，拿钥匙的是家长。"管"是权力的象征，是少数管多数，是强者管。"治"的本义本来是一条河流的名字——治河，后来作为动词，治理水域。大禹治水，一个叫疏堵结合，一个叫深挖槽、低筑坝。就是说我们治理水域的时候，一定要往深处挖，要不断地清淤，不要垒那么高的坝。在此之前没有这个观念，基本上每年都在加高堤坝，河床不断上涨，坝也往上涨，结果把河床顶在整个城镇、乡村顶上，最后决口。大禹治水现在看来是很简单的道理，在过去是很重要的发明。根治海河、治理黄河、治理淮河、治理国家、治家都是这个意思。治理水患、治理水域，特点是源头治理，疏堵结合，从小处入手。"千里之堤，溃于蚁穴"，就是这个意思。有的专家归纳管理和治理有三点不同：第一是主体不同。管理是一元的。政府相当于坐标的纵向轴——Y轴。治理是多元的，不仅有纵向轴，还有横向轴，治理是在坐标系当中选一个点，政府应该到什么位置，市场应该到什么位置，社会应该到什么位置，选一个合理的结合点，做到多元治理。第二是权源不同。管理的权力是人民通过人大及其常委会来授予政府。治理作为自治来说，是人民直接行使权力。第三是运作方式不同。管理的方式是单向的，是自上而下的，是强制的、刚性的。治理是多向的、互动的、合作的、包容的。从字面上讲，我们也可以理解为"社会治理＝社会自治＋社会管理"。因此，社会治理相对于社会管理来说是一个更大的概念。什么叫社会治理？现在还没有一个完整的定义，我认为，中国特色的社会治理就是把坚持党的领导、人民当家做主与依法治国的治国理政理念落实到社会工作当中，也就是把党委领导、政府主导、社会协同、公众参与、法治保障的体制完善好、使用好，这就是社会治理。

这是讲的第二个问题——把握中国特色。第一个问题讲时代特征。前两个问题是讲背景、理论，讲我们已经进入了社会全球化时代，进入了中国特色社会主义"五位一体"的大格局当中。北京作为首都，理应在社会建设方面做得更好。去年2月26日，习近平总书记在北京视察工作，充分肯定了北京四项工作：积极应对国际金融危机冲击，切实转变经济发展方式，大力加强社会建设，打响治理"城市病"的攻坚战。十八大以来，总书记发表了若干重要讲话，到过许多地方，但是真正肯定和表扬了社会建设的，只有在北京的这次讲话。"大力加强社会建设"这几个字，我认为是比较充分的肯定，对于我们从事这项工作的人来说，包括从事教学和研究的师生来说，都是极大的鼓舞。

汇报第三个问题——把握首都特点。

我想借此机会给老师和同学们汇报一下北京社会建设八年来的情况。从中我们把握、感悟、摸索一下，到底首都社会建设的特点是什么。回顾几年来北京社会建设的工作成效，可归纳为两句话：第一句话是"当作大事抓"；第二句话是"坚持两手抓"——一手抓顶层设计，不断完善社会治理体系，一手抓基层基础，不断提高社会治理能力。

所谓当作大事抓，是指市委、市政府坚持不懈地把社会建设当作事关全局的重大任务、重大事情来抓，几乎每年召开一次重要会议，每年出台一系列重要文件，每年推出一系列重要举措，高起点、大力度推动北京社会建设、改革、治理不断向纵深方向发展。这是各地同行们非常羡慕我们的地方，认为北京社会建设有今天，跟市委、市政府高度重视，特别是主要领导重视密不可分，非常宝贵。

下面，着重围绕"坚持两手抓"，给各位做一个介绍。我认为，坚持两手抓，是基本方法、基本规律、基本经验，应当坚持不懈。从 2007 年成立之初开始，我们就毫不动摇地坚持抓两手，没有放松过，才有了今天的初步成效。坚持一年连着一年干，一件接着一件办，在体系和能力提高方面不断向前推进。下面分十个方面给大家做简要介绍。

第一，市委、市政府召开一系列重要会议，出台一系列重要文件。每年的大会都是由市长主持、书记讲话，不是年度性的会议，而是围绕社会建设、改革、治理的重大问题科学决策，波浪式地推动北京社会建设、改革、治理。在出台政策方面，上到"规划纲要"，中到"实施意见"，下到"管理办法"，三个层级出台了近百个政策性文件，形成了 1+4+X 的政策体系，完成了顶层设计中的基础工程。

第二，基本形成一套纵向到底、横向到边的社会服务管理体制。继 2007 年市委社会工委、市社会办成立之后，2008 年、2009 年各个区县都成立了相应机构。从 2009 年开始，在各个街道（乡镇）成立社会工作党委，从而形成了从市、区县、街道（乡镇）到社区，纵向到底的工作机制和管理体制。横向构建"枢纽型"社会组织体系，把全市 90% 的社会组织联合到"枢纽型"社会组织体系中来，团结在党和政府周围。北京目前登记注册的社会组织有 3 万多家。2009 年的时候，"枢纽型"社会组织体系只联系 15% 左右，几年下来，由联系 4700 多家到现在联系 28000 多家。无论是官办还是民办，无论是北京的还是外地的、外国的社会组织，都被联系到这个体系当中。工、青、妇等人民团体，在 2009 年的时候，只联系社会组织总量的 5% 左右，现在将近一半的社会组织都被纳入以人民团体为骨干的大型联合会组织当中，大大地拓展和延伸了人民团体的手臂。在北京登记注册的非公企业大概有十万家，规模以上的非公企业大多数都建立了党组织，规模以下的非公企业由社区党组织和街道（乡镇）党组织负责党建工作，特别是在 1297 座商务楼宇中建立了党建工作站、社会工作站和工、青、妇的工作站，基本实现非公企业党的组织和党建工作的全覆盖，将非公企业都纳入党和政府工作的主渠道，纳入社会服务管理工作体系当中。大的概念是把北京 7% 左右的、传统体制之外的、社会领域的群体、单位和人群都纳入我们党和政府的工作。换句话说，以往我们的红头文件也就覆盖25% 左右的人，现在通过社会工委的网站，通过我们的信息化渠道，可以在很短的时间内把党和政府的声音、指令传遍全市。这是根本性的、基础性的、长远性的建设，否则我们党和政府执政就没有群众基础，没有社会基础。就全国而言，这个问题现在很普遍，还很突出，很少有省市能做到像北京这样。

第三，基本形成一套社会组织服务管理体系。通过构建"枢纽型"社会组织体系，把同类别、同性质的社会组织联合起来。一是创新体制"架桥梁"。党委社会工委、政府社会办搭建桥梁，让"枢纽型"社会组织展开手臂，发挥政治上的桥梁纽带、业务上的发展龙头、日常服务管理的平台作用，把所有社会组织聚合起来，这是体制的改革和创新。目前市级 36 家、区县级 211 家、街道（乡镇）级 403 家，三级"枢纽型"社会组织的构架基本形成。二是加强党建"配导航"。以党建创新推动和引领社会组织改革发展。建立党建"3+1"机制，在所有"枢纽型"的社会组织中都建立了党建工作委员会，有条件的建立了联合党组织，建立了例会制度，成立工作部门，实现党的建设在社会组织的全覆盖。社会组织的改革方向是实现政策分开、管办分离。政府工作向后退，退到法律的红线上来，不能干预社会组织的日常管理，但是我们是中国特色的社会主义，本质特征是党的领导，政府工作向后退半步，党的工作向前进半步，哪里有党员，哪里就有党的组织，就有党发挥作用。建立服务型党组织，在服务的过程当中加强社会组织建设，引领社会组织向着正确的方向健康有序地发展。三是完善服务"添动力"。通过建立政府购买社会组织服务机制，通过在全市三级建立社会组织孵化中心和孵化基地，通过每年开展一系列培训，支持和培育社会组织，在服务的过程中加强管理。四是拓宽领域"搭平台"。每年持续不断地开展社会组织公益行系列活动，引导区县和"枢纽型"社会组织参与公益服务。在商务楼宇建立党建工作站和社会工作站的同时，把工、青、妇的工作站建立起来，以党建带群团组织建设，从而使社会组织服务管理的一套体系完善起来。这套体系完善起来以后，把绝大部分人群通过社会组织的形式再组织、再联合起来，从而构建和谐的社会、和谐的人际关系和组织关系。

第四，基本形成一套社区服务管理体系。一是推进社区规范化建设，按照"有人办事，有地方办事，有经费办事，规范化办事"的"三有一化"工作思路抓社区建设，从 2008 年开始干了三年，这项任务基本算完成。"有人办事"：有了专职的社区工作人员。"有经费办事"：社区的服务管理有了经费保障。"有地方办事"：2009 年，全市 2512 个社区中只有 340 多个社区的办公和服务用房面积达到 350 平方米，现在有将近 2600 个社区全部达到。六七年的时间，市区投资将近 60 亿元，把社区办公用房的问题基本解决。由于城乡结合部的村转居，目前北京市已有 2918 个社区，增添了几百个社区，"十三五"期间进一步推进。社区有地方办公，老百姓找社区能找得到地方，而且不是临时租个房子，能把这项苦活拿下来非常不容易。"规范化办事"：社区党组织、社区居委会、社区服务站"三驾马车"各有各的职能，大概基本上每套马车 30 项的法定职责，社区有 100

项左右的规范服务，社区服务站的标识也都是规范统一的。二是推进社区基本公共服务全覆盖项目，把政府应当给社区提供的服务归纳为10大类、60大项、180个小项，即"1060工程"，社会建设工作领导小组有36个部门，从2009年开始，手拉手、分批解决社区"缺胳膊少腿"的问题。三年下来，基本上已经完成。每年年初的时候，教、科、文、卫、体等每个部门拿本账，哪个社区缺体育设施、缺文化设施，集中去补。第一年补了800多个社区，第二、第三年各补了1000多个社区，现在基本上补齐，下一步还要逐步完善。三是推进"一刻钟社区服务圈"建设，社会工委、社会办和商务等部门一起，把老百姓应当享有的便民设施，比如菜店、粮店等，按照老百姓步行15分钟就应该有这些设施的原则，一个一个社区地填平补齐。再比如，有些社区盖不了设施，就采取菜车的形式统一配菜，一个星期来两回，社区大屏上显示同一个价格，比普通市场还便宜、新鲜，早上六点多到社区，十点多离开，离开时把卫生也做好了，非常受欢迎。到目前为止，已经完成了1240个"一刻钟社区服务圈"建设，覆盖了80%的社区。原来的目标是覆盖60%，现在已超额完成。四是推进老旧小区自我服务管理试点工作，有大院的叫"自助型"，有物业的叫"自主型"，什么都没有的叫"自治型"，探索大院管委会、业主委员会和居民自治组织的自我服务管理，特别是老的中央部委的大院、国有企业的大院，产权不归地方，有的连原单位也没了，上边也没人管，我们集中肯这块硬骨头。五是向农村地区拓展延伸，开展农村社会服务试点，建设农村社会服务站。从抓社区规范化入手，然后推进社区基本公共服务全覆盖，推进"一刻钟社区服务圈"，向老旧小区和农村地区延伸。一浪一浪地向前推进，干完第一个活干第二个，螺旋式上升，社区的面貌发生了根本性变化。

第五，基本建立了一支专业化、职业化的社工队伍。全市社区工作者3.5万人，平均年龄39.1岁，87%都是大专以上的学历，已经彻底告别了老大爷、老大妈的时代。今年社区党委换届，850名大学生社工进入了党委班子，350人担任了社区党委书记或者副书记。2008年以来，已经四次大幅度提高社工待遇，2008年平均每人每月涨800块钱，2010年涨700块钱，2012年涨900块钱。最近我们又印发了文件，从2016年1月1日开始，今后每年社区工作者按照不低于上一年度北京社会平均工资70%的标准向上浮动。2014年北京社会平均工资每月是6463元，按照这个标准，全市社区工作者平均每人每月涨500多块钱。近十年来，北京社会平均工资每年上升的幅度是在10%到12%，也就是说，社区工作者待遇标准每年也将上浮10%左右。这两年，全市社工事务所有了快速发展，由2009年、2010年只有几家，到现在有100多家。大量的社工事务所是今后社会建设发展的重要基础，有大量的空间、大量的工作去做。全市社会组织专职工作人员有15万人。全市获得全国社会工作职业资格证书的有2.72万人，占到全国10%以上，总量排第二位，占比排第一位，总量广东排第一位，但是北京拿证的和不拿证的社工总数要高于广东。

第六，基本形成一支庞大的志愿者队伍。全市实名注册志愿者320万人，注册志愿者组织5万多个，而且还有33支应急志愿者总队，403支支队，有2393支市民劝导队，经常化、专业化、应急性的志愿服务体系初步建立。

第七，初步形成了一个"互联网＋城市服务管理"的网格化体系。2004年，北京创造了城市管理网格化模式。我们在社会服务管理和社会治安工作中引入这个理念，推进网格化城市服务管理。到今年年底基本实现全市街道（乡镇）和社区（村）网格化体系全覆盖，明年基本实现社会服务、城市管理、社会治安"三网"融合，后年实现一体化运行。我认为网格化是城市服务管理的第二次革命。第一次革命是"一站式"服务。如同当年我们到门市部购物，后来到购物中心，现在实行网购一样，城市服务管理、社会服务管理工作开始在科室办，后来是"一站式"服务办，现在是网格化服务办。这不仅是一种手段的变革，而且是一种体制的革命。

第八，设立社会建设专项资金，每年购买一系列社会组织服务。不仅购买服务项目，还购买管理服务和管理岗位。服务项目以公益服务为主。所谓购买管理服务，就是"枢纽型"社会组织接收一批民办社会组织，替党和政府做了管理工作，就给它一笔钱，买它的服务。我曾兼过市社科联党委书记、常务副主席，当时市社科联只有110多家协会，现在将近200家。让"枢纽型"社会组织把民办社会组织管理起来，从社会建设专项资金中给一笔钱，管50家的一个档，管100家的一个档，管得多的，多给钱。市总工会、团市委，当年管20多家社会组织，现在可以管几千家，将近上万家。所谓的购买管理岗位，是我们探索出的创新，非财政拨款的社会组织，开展公益服务没有办法赢利，工作人员没有工资来源，还要确保社会组织有人办事，党的工作有人管，这就得养人、办事，所以我们每年拿出一笔钱来购买1600多个岗位，其中面向离退休的党员干部买了1200多个岗位，让他们做非公党建联络员，还向"枢纽型"社会组织买了几百个岗位。你没有财政拨款，没有财政来源，你这个会长或者秘书长的岗位我买了，选上谁，谁拿钱，前提条件是公益性的，工作做得好，特别是建立了党组织，每年每人补贴五万块钱，确保这个人在这个岗位上能够专职做一些服务管理工作。

第九，共建了一批社会建设研究基地。北工大是比较早的、重要的基地，是产生成果最多的基地。目前我们已经共建了17个研究基地，上上周刚刚成立了北京新经济组织发展研究院，与首都经贸大学共建的，专门研究新经济组织发展。

第十，初步形成了一个全覆盖的社会领域党建工作体系。社区党建、社会组织党建、非公经济组织党建工作基本上实现了全覆盖。

这几年，我们用了比较长的时间，经过深入调研，跟上海的一个民办社科机构，搞了社会建设指标体系。这个机构是全国文明城市指标体系的制定者。我们把社会建设分了四大方面——社会保障、社会服务、社会治理、社会环境，共 27 项指标，对社会建设进行量化测评，数据来自政府的权威数据。经过测评，最近 3 年，全国 31 个省（区、市）中，北京市是唯一一个连续三年超 90 分的城市，走在全国前列。全国的平均分是 75.99 分。在 15 个超大型城市当中，由于武汉和郑州市是去年刚刚加入进来的，没有公开的数据，因此对 13 个超大城市做了统计，综合排名北京第一，上海第二，苏州第三，广州第四，成都第五，深圳第六，居然有三个城市刚刚及格，有两个城市不及格——保定和南阳。这还不是国际的标准，是中国特色的标准，是社会主义初级阶段的标准，一千多万人口的超大型城市，才 40 多分，说明社会建设的水平差得很远。

我们讲社会主义初级阶段，主要指"社会"发展还处于初级阶段。因为，我们的"主义"是高级的，是马克思主义。社会主义不把社会建设好就不合格。就如同资本主义一样，不把资本建设好何谈资本主义？所谓社会主义姓"社"，资本主义姓"资"，除了上层建筑不同之外，我认为，还有一个本质不同就是基础不同：社会主义以"社会"为基础，资本主义以"资本"为基础。两者不仅仅是"主义"不同，制度设计也是不同的。长期以来，我们忽视了这个问题，我们只重视意识形态的马克思主义，没有重经济和社会基础的发展，所以，欧洲特别是北欧国家好长时间都不认可我们是社会主义。改革开放以来，我们补经济建设这个短板，现在补社会建设短板。我们要重视社会建设，要有紧迫感。

在综合评价指标体系的四个分类指标当中，社会保障排在第一的是上海，苏州第二，广东第三，北京第四，哈尔滨、重庆、石家庄、临沂刚及格，保定和南阳分别是 50 多分、40 多分。社会服务北京第一，成都、上海、广东、苏州排在后面，石家庄、临沂刚及格，后面有三个市不及格。社会治理上海第一，北京第二。老实说，上海的精细化服务管理水平确实比北京做得好，北京的大街是很漂亮的，但有些小胡同是见不得人的，长安街周边有些地方往里走几百米就破烂不堪。在社会治理方面，只有上海、北京、重庆这三个市分别为 90 多分、80 多分、70 多分，下面十个城市都是刚刚及格或者不及格。我是河北人。河北石家庄、保定离北京这么近，都不及格，保定社会治理才只有 36.38 分。北京的"城市病"治理之后，"病"可能要到那儿去了，那儿的"城市病"将比北京厉害得多！如果不赶快治理，将来就会有大麻烦。当然，如果周边建设不好，北京也很难建设好。所以，习总书记要京津冀协同发展，太重要了。社会环境深圳第一，北京第四，整体分数都还比较乐观，社会环境主要指社会诚信、社会责任、社会文明的程度等这些综合因素。我本人在中央、市、区宣传部门都干过，看到这个也比较欣慰，说明这么多年我们抓精神文明建设还是有成效的，最低的南阳也有 70 多分，这是很难得的，没有精神文明建设，别的工作也很难做好。

北京的十六个区县，2012 年的时候还是三分天下、三大阵营的态势，到 2013 年、2014 年就都赶上来了，只有延庆县不到 80，但是延庆县和房山区是近两年来每年递增 10% 以上的两个区县，增速最快。相信随着冬奥会在延庆举办，延庆很快就会赶上来。应该说，北京的基础是好的，没有各个区县的基础，北京的总体指标是上不来的。

这是第三个问题，把握首都特点。首都特点的社会建设就是围绕着首都功能，围绕着构建国际一流的和谐宜居之都，来加强社会建设、创新社会治理、深化社会改革。

最后，汇报第四个问题——把握社会特性。

尽管在党中央领导下，全国社会建设进入了快车道，尽管北京经过多年努力，社会建设取得了很大成效，走在了全国前列，站在了新的历史起点上，但是，这仅仅是和我们自己做比较，而且从理论和实践上，社会建设、改革、治理到底是什么，应该抓什么，应当怎么抓，目前仍然处在探索阶段，还处于"摸着石头过河"的时期，有时候甚至是摸着自己脚丫子过河，因为少有标准和依据，但是，又不可能把理论都搞清楚后再做，也没有现成的经验可采纳。我作为北京市社会建设部门的一把手，压力很大，就像在跑道上向前跑，周边看看，就只有广东和上海再加上几个地级市，前面没人，左右没几个，还得往前跑，有时候也不知道怎么跑合适，非常不容易。

今年 8 月份，北京市委、市政府"关于深化社会体制改革的意见"，初步明确了今后五年北京社会建设、改革、治理的方向。归纳起来，我们认为，深化社会治理体制改革的核心就是把坚持党的领导、人民当家做主与依法治国有机统一的治国理政的理念落实到社会工作当中。我反复强调这句话。关键是，从体制上要处理好上下左右的关系，从工作上要提高四个能力。所谓处理好上下左右的关系，就是处理好党组织、政府组织、基层组织、自治组织的纵向关系，处理好政府组织和市场组织、社会组织的横向关系。在这个坐标系当中，要把六个组织的职能定位搞清楚、搞明白，既要各就各位、各尽其职，又要相互配合。目前我们的体制当中，六个组织缺位、越位、错位、打乱仗的事情经常出现，常常是"种了别人的田，荒了自己的地"，常常是有利益大家都抢，有了责任大家都让。这说明我们还没有从职能上搞清楚，改革的第一位任务是先把职能搞清楚。所以，北京市的这个文件，首先解决这个问题。没有理论，我们探索。经验没有现成的，我们摸索。出现问题再调整。

从纵向关系来说，党组织改革的着力点是加强和改进党的领导，建设服务型的党组织。社会领域党的建设，是要在服务的过程中实行政治领导和政治引领，和行政部门的党组织是不一样的，跟国有企业的党组织也是不一样的，找准位置、做好职能很不容易。围绕这个问题，文件中有一系列的规定和要求。政府组织改革的着力点是实现政府工作重心下移。现在市、区政府包揽太多，保姆式的政府，该干不该干的都抱在怀里，权力不撒手，人权和财权攥在手里。工作重心下移到哪里？主要在街道（乡镇）层面。要把街道（乡镇）作为社会治理、社会建设的主要平台。所谓基层组织也就是指街道

（乡镇）层面，街道（乡镇）层面改革的着力点是加强基层治理创新，完善基层治理结构，承担起社会服务和城市管理的主体责任。自治组织主要是指社区组织和社会组织，社区组织和社会组织如何把社会再组织起来，动员公众有序参与社会服务管理，是基层自治组织创新的重要着力点。

从横向关系来说，政府着力加快转移职能，最大限度地向社会让渡发展空间和发挥作用的空间，凡是社会可以做的，政府不再做。市场与社会的关系是最大限度地引入市场机制，凡是可以用市场机制的，尽可能用市场机制。社会通过培育发展和改革创新，最大限度地激发社会创造活力，提高社会承担社会服务和治理的能力。

在这个前提之下，围绕下面几个问题，推动下一步的工作。

第一，要抓住历史性的机遇。抓住"社会全球化""四个全面""十八届五中全会""京津冀协同发展""互联网＋"这五大历史性机遇，推动首都社会建设、改革和治理。这五大机遇不一定都适合全国各地，但是对北京来说非常关键。

第二，要坚持以问题和需求为导向。北京市委社会工委和全国十几个机构用两年多的时间进行综合性的调研，我们感到，当前我国社会治理至少面临两大部类十大方面的问题，既有"人、地、事、物、组织"经常性服务管理方面的问题，也有"急、难、特、新、重"特殊性服务管理方面的问题。比如，在"人"的服务管理方面，流动人口服务管理、实有人口服务管理，一直还没有很好地破题。

居住证千呼万唤不出来，说明背后有许多难题，有体制上的问题，也有限制上的问题。在"地"的服务管理方面，现在"大城市病"治理亟待加强，必须从区域协同发展、区域服务管理的角度来解决这个问题。中央已经重视，京津冀协同发展正在加快推动。在"事"的服务管理方面，基本公共服务体系不健全，特别是打破户籍、地域、身份界限的全国性的公共服务体系没有建立起来。哪里发展好，哪里承担的责任就大，哪里就受埋怨。财政部的钱给了河北、河南、安徽，人却到北京、上海、广东去了，要享受同一片蓝天。作为首都，作为发达地区，责无旁贷，为国家解忧，但是从体制上就会造成哪里不发展教育、文化、卫生，哪里就可以把人轰走，不是良性循环。这个问题必须从国家层面上、从公共服务体系上解决。在"物"的服务管理方面，地上服务设施不健全，地下管网一片混乱。去年国务院专门发了一个文件，要求用五年的时间，各省市区要把地下水电气热的管网搞清楚。现在线路还没有搞清楚，在脚底下存在多少年了，多大的隐患啊！所以出现了刚处理的山东天然气爆炸等事件。常常是按照图纸往下施工时，发现前面另一个管线施工时改了线路却没有改图纸，所以，后面按照老的图纸施工，挖着挖着就把别的管线挖断了。像北京这样的城市，清朝的管线还在下面埋着。老城市如此，像深圳这样的新城市也有这样的问题，时不时冒一个天坑出来，两辆小汽车就掉进去了，多可怕！在"组织"的服务管理方面，基层组织软弱涣散。特别是党组织不强的问题，在一些地方非常突出。在应急性的服务管理方面，突发事件重事后处置，轻事前预防的现象还比较普遍。在难点问题的服务管理方面，社会矛盾化解累了基层，难为了警察。有了问题，一级一级往下传，击鼓传花，传到社区基层为止。各级行政部门没有尽到职责，所有问题都堆到最后。在特殊社会问题的服务管理方面，民族宗教问题是特殊的社会服务管理问题，但是现在越来越向普遍性方面蔓延，已经远远不是在民族地区的问题。民族宗教问题，核心是宗教问题。在新问题的服务管理方面，互联网虚拟社会服务管理有若干问题，不断有新技术出来，这两年中央在抓，市里在抓，但是这个问题是一个长期性、世界性的大问题。在重大任务的服务管理方面，社会治理体系和治理能力现代化的任务刚刚提出两年时间，距离这个目标的实现还很远。

第三，要抓社会治理体系现代化建设这个根本。要把体制机制牢牢抓住不放松，磨刀不误砍柴工。没有体系，乱打一锅粥，"方向不明，决心大"，"底数不清，点子多"，这都是不行的。施工错了，拆了楼可以重建，政策上出了问题，扰乱了人心，十年、二十年都找不回来。

第四，要抓好社会服务体制改革这个首要任务。要坚持服务为先，绝对不能"管"字当头，要完善体系，要创新方式方法，特别是要加快完善基本公共服务体系，要加大向社会力量购买服务力度，要加快推进事业单位改革，要把事业单位改革同社会组织和社会企业的发展当成一个系统工程来抓。我认为，如果把事业单位丰厚的资源和传统的优势引导到社会事业、发展到社会企业当中来，可能不失为一种有效的途径。特别是作为整个社会来说，应当大力加快推进社会企业发展。没有现代家政服务业的发展，低端的保姆市场、低端的人口就消减不了；没有社会餐饮服务业的快速、高质量发展，大街上摆摊、用地沟油的现象就很难绝迹。北京作为以服务为特点的大城市，社会企业的发展在"十三五"期间有大量的空间。

第五，要抓住社会组织体制改革这个中心环节。特别是完善以"枢纽型"社会组织为体系的社会组织体制建设。在社会时代，社会主要的组织形态是社会组织，把社会组织服务好、管理好，社会发展才有活力，社会才能和谐稳定。

第六，要抓住街道管理体制改革这个"牛鼻子"。在大城市没有街道作用的发挥，城市的服务管理是很难搞好的。我从来都反对在大城市撤销街道办事处。要从实际出发，把街道办事处办成直接面对社会服务和城市管理的第一线，市、区政府主要是制定政策、依法监管，实现管办分离，把办理的职能下放到街道层面上来。市委的文件明确了街道的新"五句话"职能定位：加强区域党建，开展公共服务，统筹辖区治理，组织综合执法，指导社区建设。工商所、税务所可以代表区政府去管街道，街道作为综合机构却被管，简直是笑话！应当是综合部门抓统筹，要进一步把社会服务和城市管理职能下沉到街道，进一步理顺街道和区政府职能部门的关系，让街道统筹管理各类协管力量。只有这样，我们的城市服务管理水平才能上来。

第七，要夯实社区治理这个基础。要完善社区"三位一体"治理机制，加快推进社区服务体系全覆盖，深化完善社区居民自治。

第八，要抓住社会治理能力现代化这个关键。说一千道一万，没有能力、活干不好都是白搭。一是提高系统治理能力，特别是要把网格化体系用好。二是提高依法治理能力，完善"1+4+X"的政策体系，逐步走向政府和人大立法。三是提高源头治理能力，"十三五"期间我们要围绕社会风险评估机制、社会责任评价体系、社会心理评估体系，力争有所突破。我们现在已经搞了一个企业社会责任评价体系，准备报市政府，从明年开始我们要评北京企业社会责任百优，就像五百强企业一样，有一套指标，从对员工的责任、对社区的责任、对政府的责任、对公益的责任这四大方面来评价，对做得好的企业，我们愿意给它打公益广告。四是提高综合治理能力，在治理大城市病，推动京津冀协同发展方面，充分调动社会力量来参与。

第九，要加强和改进党的领导。要加强组织领导，建设服务型的党组织，加强和创新社会领域党建工作，加强社会工作队伍建设，加强社会动员机制建设，推动党委领导、政府主导、社会协同、公众参与、法治保障的体制机制的完善。

总之，所谓把握社会特性，就是把治国理政理念落实到实践当中，就是处理好上下左右的关系，就是提高四个能力。围绕这个大目标、大思路，我们现在正在研究制定"十三五"时期北京市社会治理规划，已经有了初稿。北工大的专家学者已经参加了我们的会议，提出了宝贵的意见，我们正在抓紧完善。

今天利用两个多小时的时间，按照校领导和院领导的要求，给各位老师和各位同学，从四个方面做了汇报，很粗浅，有的地方说得也比较直白。我没有稿子，我手里看的跟大家看的一样，是PPT稿，所以肯定有许多不准确的地方。好在我是北工大的兼职教授，我们属于内部交流，我相信大家也不会上纲上线。有不对的地方请大家批评。浪费各位老师和同学们的时间了，谢谢大家！

交流环节

主持人：今天非常难得，宋书记给我们做了一个精彩的讲座，我们再提几个问题。

宋贵伦：提五个问题，请一并把五个问题提出来，我统一回答。

学生甲：您刚才讲的社会全球化，这个概念和原来讲的经济全球化是什么样的关系？想听一下您的见解。

学生乙：关于社区的几个组织，比如，居委会和物业等，它们之间是什么关系，有什么样的设想？

学生丙：我想问一下北京街道这一层的设立，社工委在这方面有什么考虑？

学生丁："枢纽型"社会组织是社工委成立以后发展起来的，里面有一些是一般的社团，比如社工协会，还有一些级别比较高的群团组织，这些组织如何发挥枢纽型的作用？

学生戊：我想了解社工委对社区建设的思路，因为社区是从西方引进来的概念，在东方原来不存在这个概念，我想问一下您是怎么看社区建设的？

宋贵伦：好，时间关系，我简单回答一下。

第一个问题，关于社会全球化的概念，我是受经济全球化的概念启发而想到的。我们叫地球村，经济全球化必然带来社会全球化，而社会全球化比经济全球化又更广泛，因为在信息化时代，社会生活比经济生活、政治生活更少受国家体制的限制，社会全球化给世界带来的共同的东西可能会更多。不论什么制度，从社会的角度来说，都关注两大重点，一是民生保障改善，二是社会公平正义。对这两点来说，无论什么国家、什么制度，老百姓的要求都一样，都是执政者得民心的关键。共产主义目标就是社会大同。所以，社会全球化可能比经济全球化甚至比其他全球化更大。我认为要强化这个概念。当然，不同制度实现的路径不同。在现阶段，我们也要防止这个概念泛化，更要防止敌对政治势力通过社会渗透。前提是，我说的社会概念，是相对于经济、政治、文化的概念，不是超越政治的大概念。这一点很重要。

第二个问题，关于社区组织之间的关系。北京目前探索的社区治理模式是"三位一体"或者叫"三驾马车"，社区党委、社区居委会、社区服务站，这三者是相互联系的。从工作体制上来说，在社区党委的领导下，社区居委会主要抓自治，社区服务站主要抓服务。我个人觉得，社区居委会应当是社区里的"枢纽型"社会组织，所有的社区组织、自组织包括业主委员会，都应该在社区居委会的综合协调之下开展工作。这没有大小之分，主要是从工作层面。有的同志不同意我的观点，其中一个理由是，因为社区居委会和社区业主委员会都是法人单位。这是没错的。我打个比方，在家里，父母与子女是平等的，兄弟姐妹是平等的，但这不影响父母管子女，大哥带小弟也是很正常的。社区居委会是社区居民代表选出的综合型组织，业主委员会是专门组织，职能不同。居委会更综合、更广泛，是全社区居民的代表，职能是维护社区居民各方面权益；业主委员会只是小区业主单位的代表，职能只是维护业主的权利。社区各类组织都应当联合在社区居委会周边，在社区党委的领导之下，在社区居委会的联合之下，共商共治、共建共享。我认为只有这样才可能有效地运行。有几位业主委员会老代表人物，他们被好多部门作为特殊人看待，我几乎每年都要见他们一次。我干这个工作，躲着不是办法，要主动工作，平等交流。他们反复说："我和居委会是平等的。"我说："我同意平等。你为什么找我？"他说："社区有一些问题解决不了。"我说："你有什么好办法？"他说："我们没有办法了。"我说："我告诉你办法，你去找居委会帮你解决。"他认同。所以后来我说，解决居民的问题，解决区域的问题，只能找居民组织，只能找社区居委会。那是大家的家。

第三个问题，关于街道治理体制。我认为，可以把街道党工委和街道办事处当作城市服务管理的"枢纽型"组织来看待。它是党委、政府的部门，但它又不是纯粹的党委、政府部门，它只是派出机构，是一个综合性的机构。它作为党委、政府的派出机构，代表党委、政府行使党政的一些权力，同时，它连接着社会组织和社区，可以代表社会反映一些利益诉求。特别是在城市服务管理当中，市、区政府定政策，管监管，应当是街道（乡镇）代表党委、政府去执行，去服务。所以，要把街道的城市服务管理委员会平台做大，把街道区域里面的政府组织和社会单位联合起来，一起来开展工作。我甚至昨天跟街道办事处主任讲，也许让街道办事处来具体实施政府购买公共服务，效果更好。政府出钱，让街道办事处具体组织实施，社会企业、社会组织前来购买，可能会更有效。

第四个问题，关于"枢纽型"社会组织。我刚才听出了您的弦外之音，认为人民团体和其他类型的"枢纽型"社会组织不一样。是的，它们各有各的不平衡。有的人民团体负责人说，我怎么可以和民办社会组织放在一起呢？我去广东做报告，座谈会上，广东的工青妇组织根本不承认自己是社会组织。我就说："从全世界来看，大的组织类型有三种——政府组织、社会组织、市场组织。你说工青妇人民团体是什么？你是政府组织吗？"他说："不是。"我说："你是市场组织吗？是企业吗？"他说："不是。"我说："那好了，你如果不是政府组织，不是市场组织，你就是社会组织。当然，在社会组织这个大概念里面，有人民团体，有基金会，有行业协会，有各级各类的组织。这是大概念。你认同吗？如果认同，咱们就可以往下说。"北京构建"枢纽型"社会组织体系是以人民团体为主干，不另起炉灶。首先，像国有企业改革一样，把人民团体做大做强。这是我们的思路，我们也是这么做的。北京20多家人民团体，原来只联系5%的社会组织，现在联系47%，将近50%。结果是延伸了人民团体的手臂，扩大了桥梁纽带作用，对党和政府是有利的，对它们的作用发挥是有利的，对把人民团体做大做强是有利的。我说："反过来讲，如果人民团体不联系人民，不联系群众，工会不联系职工组织，共青团不联系青年汇，那么，在人民团体之外就会发展出大量的民办组织，那人民团体的路只会越走越窄，这不是把自己边缘化了吗？"所以，习近平总书记去年跟工青妇的最高领导班子谈话说，工青妇要发挥"枢纽型"组织的作用，不能自娱自乐，不能搞贵族化。在沿海，我们只有3%是国有企业，如果工会只管3%的国有企业职工，而放弃97%的非公企业职工不管，那么你工会还能代表工人阶级的大多数吗？我们不另起炉灶，把服务职工的组织纳入工会，实际上就像改革国有企业一样，是把工会组织做大做强，并给工会增加活力。尽可能把更多的同类、同业务的民办社会组织纳入人民团体的组织系统，又用民间力量激发活力，这应该是一个良性互动。但是，人民团体也不可能把所有的社会组织都覆盖住，比如说，我们的"枢纽型"社会组织中的中关村民营科技企业家协会、慈善义工协会等，它们是对人民团体的补充。把人民团体覆盖不了的社会组织纳入"枢纽型"社会组织体系，在党和政府的主渠道，形成大联合、大互动。按照我们改革的方向，要打破一业一会，要竞争，这样才是良性互动。所以，"枢纽型"社会组织里面没有级别的概念，而是合作的概念。比如，女法官协会，可以在妇联"枢纽"里面，如果妇联组织服务做不好，那就可以到法学会"枢纽"里面去。我认为，社会不应该有级别，应该有一定的开放性。大家都在党和政府的领导下，在法治框架内，从事社会工作。

最后一个问题，关于对社区建设的理解。目前全球社区大致有三种类型：一种是市场运作型，以西欧为代表；一种是居民自治型，以美国为代表；一种是政府主导型，以新加坡为代表。某种程度上来说，社区也应该是社会组织，因为它既不是政府组织，也不是企业组织。我认为，中国的社区也应当是政府主导型。在中国的国情和目前的阶段里，社区纯自治还不成熟，至少在北京还不成熟。我今年专门去了一趟美国。一个星期我哪里都没去，就在芝加哥市，社会建设各个方面我都看了。美国社区的自治是有前提条件的，政府该干的活都干了，不该派的活政府也不会派，所谓的自治，完全是自娱自乐，是文化性质的，各人自扫门前雪，得把自家门前的绿地扫了，不然就罚你。我们中国的传统，老百姓认组织。他认为居委会代表党和政府，认为街道就是党和政府。百姓有好多事还要找社区。所以，我们社区在相当长的一段时间还要分担政府职能。我们建立社区服务站就是承担政府的服务职能，同时让它和居委会职能分开，让居委会有更多的精力抓自治。将来发展方向是把社区服务站变成购买服务的场所，让社会力量进来帮助社区搞服务。一方面老百姓的服务需求增加，另一方面政府减负。活谁干？如果政府不干，街道不干，社区也不干，那老百姓找谁？所以，政府只能把工作重心下沉到街道，通过街道的社区服务中心，通过社区的服务站，购买社区服务组织和社会企业的服务，来满足老百姓的服务需求。既实现政社分开、管办分离，又减轻了政府的负担，发挥了社会的作用，这可能是一种行之有效的方式。我们把社区服务站变成服务居民的网点，通过一刻钟社区服务圈来服务社区。社区党委牵头抓总、抓党建；社区居委会作为基层自治组织抓自治；社区服务站，作为政府延伸到社区的平台抓服务。北京的"三位一体""三驾马车"的构架，就是这么设计的。

上述解答未必能让各位提问者满意。来日方长，找机会再来跟大家交流。谢谢大家！

主持人：宋书记后面还有活动，时间有限，我们今后再请宋书记来为我们做报告。让我们再一次以掌声对宋书记的讲座表示感谢！

社区营造的理论基础

——自组织治理模式[*]

罗家德[**]

一 社区自组织的案例

社区营造（community revitalization 或 neighbor organizing）运动的目的即在创造社区自组织的良好培育环境，它有自己的时代背景和时代特征：城市里都是工厂的工人、公司的白领，过着标准化的生活，生产着标准化的产品，进行着一模一样的消费，住在完全

[*] 本讲为"陆学艺学术讲座"第二十三讲，时间：2016 年 5 月 23 日，地址：北京工业大学人文楼 820。

本演讲稿经整理后发表成《社区营造的理论、流程与案例》（北京：社会科学文献出版社，2017）中的第一章。其中自组织理论的内容主要摘自笔者所写的书。罗家德：《中国商道—社会网与中国管理本质》，北京：社会科学文献出版社，2010；罗家德、叶勇助：《中国人的信任游戏》，北京：社会科学文献出版社，2007；罗家德：《自组织——市场与层级之外的第三种治理模式》，《比较管理》2010 年第 2 期。

[**] 罗家德，清华大学社会学系教授，email: jdluo@mail.tsinghua.edu.cn。本研究由清华大学——野村中国研究中心提供经费支持收集相关资料（041913016），由台湾信义文化基金会与清华大学社会科学学院合作成立的信义社区营造研究中心（202061069）、国家社科基金重大项目"多学科视野下的社会网络分析模型"（13ZD177）提供后续经费。

没有个性化的城市中，以致大家都变成了原子化的个体。工业时代成为历史，后现代来临，紧接着进入信息化社会，人们开始追求自己的个性、追求不同的生活方式、追求差异化的消费，而且人与人之间在互联网时代中因为各种互联——实体互联、互联网互联、移动互联，形成了社区互联，行业、职业互联，兴趣互联，于是大家形成了社群。从前是原子化，现在则是社群化，开始有很多的社区邻里街坊要重新整合，有各式各样的兴趣社群出现，或虚拟或实体地把人重新凝聚在一起了。曾经被马克思批判的异化，异化到每一个人成为城市中的浮萍，异化成为"北漂"，漂在大都市的人。而社区营造运动的兴起正是希望每个人在新居住地中找到根，找到"第二故乡"，找到自己的归属感，找到自己在社群中间的认同感，找到大家因为互联而形成的各种生命共同体。

这种社群是由下而上的层层自组织，由小社群逐步成为越来越大的社群，就形成了我们所讲的复杂系统。它变成了时代特色，这也就是为什么在经过了工业化高峰后的社会，我们会将信息时代视为复杂社会的原因所在。

社区营造的目的就是提出一套专业的方法，使社区能够自组织、自治理、自发展。我们将村落与社区视为自治单位，传统意义上一直在强调社区营造的精神，只不过相当长的时间里，自治落实得并不到位，有些地方甚至将最基层的社区居委会变成了政府的一只脚，成为基层政权单位，而不再是自治单位。

每一个社区中间都存在诸多问题，大妈跳广场舞会吵到邻里，有人抗议；抑或是小孩子下课在外头游逛，大人没下班，变成钥匙儿童等问题……社区营造的目的就是集合社区志愿者之力，提供给他们上自习的地方，帮社区解决这类型的问题，甚至成人会有社区继续教育，妇女会有妈妈教室，老人会在老人大学等。

但妈妈教室不止是目的，更是手段，她们最喜欢讨论的就是婴儿、孩子的事情等，那么就可以集合大家的力量一起讨论，一起解决大家的问题，很可能一群妈妈就成了志愿者，为社区做出了儿童图书角、青少年剧场，开始合力解决社区育幼的问题。这些与民生生活息息相关的事情都是社区居民最关心、最希望能够解决的问题。社区可以有一个公共空间，有一个公共的"社区协会"（正式登记的社区社会组织）让大家来一起自我解决民生问题，可以帮助政府解决在经济发展和社会和谐过程中遇到的种种问题，从而为社区居民提供更多的社会福利。

简单来讲，知名管理学大师彼得·杜鲁克（Peter Druckers，1993）所称的现代政府，为了适应工业社会的治理模式，发展成了万能政府、保姆政府。由于管理的内容过于庞杂，在经历了后现代社会向信息化社会的转变之后，财政呈现出入不敷出的状态，比如，很多南部欧洲政府的社会保障、社会福利发放过度，导致财政处于破产边缘。鉴于此，在解决民生问题方面，既不能依赖政府，更不能靠市场的力量，一旦市场掌握了教育、医疗与住房时，就会变成我们的"三座大山"，成为民生的重大难题，基于以上的情况，我们应该主要依靠社会力量来解决这种民生问题。

让我们在这里举两个社区案例，从而可以对社区营造有一个更深刻的理解。第一个案例是2008年，因为汶川大地震，笔者带领着清华大学可持续性乡村重建团队（以下简称清华团队）去救灾，救灾的过程中我们发动当地村民用社区营造的方法来做重建。我们提供了九十几万元的钢材给一个村子，由于给当地带来了资源，所以当地还挺欢迎我们的。

清华团队在11个村子中挑选，最后就选了杨柳村（详细故事可以参考《云村重建纪事》（罗家德、孙瑜、楚燕，2014）。我们有一个要求，社区一定要用自己的力量重建，不能到外头找包工。居民在救灾政策中，政府给每一户补贴2万块钱，另外贷款2万块钱，但是这些的前提是村民不能够以整个统筹统包，或者是自己找一个包工头来包工。他们同意了这一前提要求，清华团队就在杨柳村中经过前期对当地情况的基本调研，认为这个村子社区社会资本发达，事实也证明他们是一个很不错选择，很有自组织能力，所以后来做得很好。通过这张照片可以看到，在实施过程中，所有底下拉钢架的人绝对不是外面的工人，而是本地村民。

和其他地方工程队都是用大吊车吊钢架的情况不同，杨柳村的村民们能够自组织起来产生了一个叫作十八罗汉的钢架队，他们做钢架，全村的人会来帮忙。杨柳村的村民发挥了极大的能动性。

照片1 村民组织成的钢架队立房梁的实况

中国农民的智慧不容小觑，他们居然发明了用一棵大树绑一个绞盘，拉上一条铁绳索，用拖拉机就拉起钢架来的办法。很多人也在旁边拉，"十八罗汉钢架队"赶快爬上去栓螺丝。专业工程队就是用大吊车也要用三天才能架起一栋四连排的房子，而这些靠着拖拉机和村民协力，加之十八罗汉在钢架上飞来飞去，竟然也可以三天组合四户房的钢架。

这村里有几个重要的不同姓氏，各氏会派了代表组成协会，还带领大家一起集资，一起去买屋顶，一起去买门窗，为了避免有弊案，他们发明了管帐、管卡、管钱分离的制度，所以在这里能看得到我们农民的智慧。整个过程都能看到杨柳村的村民参与重建的积

照片 2　杨柳村重建好的全村鸟瞰图

极性，男女老少都以自己的方式主动参与其中，在这一过程中体现了社区社会资本的重要性[1]。

　　一般而言，社区社会资本是用来衡量一个社区合作力量强弱的良好方法，它包括了关系维度、结构维度与认知维度三类社会资本，关系指涉的是村民间关系强度强，结构指涉的是村民关系网密度高、无分裂，边缘人少，认知指涉的是村民的社区归属感强，村民间相

---

[1] 社区社会资本的理论可详见罗家德、帅满、方震平、刘济帆合著的《灾后重建纪事》，以及相关的多篇论文罗家德、帅满和杨鲲昊（2017），罗家德、邹亚琦（2015），罗家德、孙瑜、谢朝霞与和珊珊（2013），以及罗家德、方震平（2013）。

互信任程度高，邻里亲密感强。社区社会资本高，社区内居民的合作意愿就强，最终会体现出很强的自组织能力。

在重建过程中，村里的乡规民俗也发挥着自治理的功能，等到真正去砌石头、拉钢架、做屋顶，被我们称为社会弱势群体的老弱妇孺能做什么呢？我们本能的反应，认为他们无事可做，然而在这个社区有换工的传统，你只要在外边端茶倒水就可以了，甚至小孩子在那里头拿一个小铁锤敲石块、拉绳子都算小工，换工传统制定了一系列换工的乡规民俗，大工（砌石之类）换大工、小工换小工、小工以一定比例换大工，这一系列的换工方式，使得自组织一起盖房十分顺利。最后也很成功，阿坝州是地震的核心区、最重灾区，该村却得到了阿坝州重建成果的第二名。

清华团队基于当时在杨柳村做的田野记录著了一本书叫《云村重建记事》，在此基础上加上研究团队把它用来和其他七八个案例做比较，研究出自组织过程的一个理论架构，这些内容将在下一章中介绍。自组织的过程是社区营造的核心。

整个故事有哭有笑、有血有泪。有的时候大家合作非常愉快，热火朝天；有的时候大家又吵成一团。还有一段时间竟然连村中能人，其实就是他们的村支书，带了头作自建房屋的事情，但得不到大家的信任，搞得谣言满天飞。最后他们发觉清华团队作为一个外来能人白白给他们钢材，看来比较值得信任，所以要求我们做仲裁人，调和村民与村支书的矛盾。在这一过程中，只有干预式田野调察的研究方法才能让我们的研究团队记录到这么多的自组织运作过程，这就是学者下到社区亲身参与社区实验的研究意义。

有的时候村民热火朝天，重建的速度非常快；有的时候为了门窗的问题吵、闹，导致进度又变得很慢。但到了2009年的7月，当一家一户的房子都盖得差不多的时候，政府治理方式和自组织之间的冲突就发生了，为什么？政府是很支持合作建房的，跟我们合作也很愉快。但是忽然之间出现了一个难题，四川省喊出来三年重建、两年完成。结果领导跑来观察，发现这个村子有故事：第一是轻钢房耐震。第二是清华团队在这里，形象不错。第三是村子有文化特色，羌民族村落。第四是民间自组织的重建，展现众志成城的意志。所以杨柳村就被选为三年任务、两年完成的代表。一旦选为代表，落成典礼选在10月1号，实际上三年任务就是一年半完成。

毕竟村民盖自己的房子兴趣很大，但外围环境谁来管？这时路也没有铺，下水道也没有排，连河的堤岸都没有做。这些事情谁来做？因为这是公共建设，所以最初的想法都是政府出钱，民间再自组织来实施，政府出钱或是组织居民包工来执行，但现在这显然是来不及。于是就从7月开始，完全由外面包工队进驻，迅速完成。

照片3就是9月初基础建设快速做好了，但绿化还没做的村子的情境，在政府雇的外来包工队日日夜夜赶工下，基本上外地面、排水完成了，道路铺平了，但是绿化还没有完成。因为10月1日要

照片3　九月初的杨柳村

献礼，还有一些国际捐款单位的人来参加，就决定在9月28日办落成典礼。从照片4中可以看到十几天后这里花木繁茂，这就是政府力量在灾后重建中起到的作用。

灾区的硬体重建，中国做得是非常好的，不像日本阪神大地震，美国的卡翠娜飓风，七八年之后还有人住在板房里。在这里三四年之内就完成重建，农村两三年左右完成了，板房全拆了，所以在硬体建设上我们用了非常适合中国国情的方法，除了中央、地方、解放军，还有省与灾区的县配对扶持，工作做得很到位。相比在卡翠娜飓风中，美国做得比日本还糟糕。

　　在落成典礼的要求下，用政府的力量做绿化，将大树从外面移植过来立刻栽下去，十几天就花木扶疏，效果立竿见影。清华团队持续做研究，一年之后还持续做社区产业辅导，两年之后每年暑假还有团队上去做一些儿童教育等，同时也做一些后续观察。一年之后看到的就是村子里到处都是标语，每一户负责管理的公共区域的具体范围，同时还记录检查结果。我们的观察发现是，村民会维护自己花功夫和心思建的区域，而那些无偿就能得到的资源，大家便不再爱惜。

照片4　落成典礼当天的花木扶疏

另外一个案例，台湾联合大学王本壮教授应桃园地方政府的邀请，参加了桃园市中圣里、中泰里的社区绿化项目，拟定了一个三年期计划，第一年叫作社区启动，第二年叫作社区推动，第三年才叫社区行动。绿化就是几盆花、几盆草的事情，怎么会用到三年？我们可以看到在很多地方一听到有领导要来，就开始发动绿化工作，一搞绿化就会让街道的办公室买一大堆盆栽，让各家各户派人来领。这些盆栽不是放了一段时间后就渐渐没人管了，要不就是没人定期浇水盆栽就死了，总体来看收效甚微。

这一个绿化搞成了三年期计划，第一年都在培训，第二年开始召集大家做规划，第三年才开始行动。规划的过程中，让社区居民参与规划，把社区中所有该做的事情，通过协商的方式确定下来，之后才开始行动。在这一过程中，真正的核心价值在哪里？其实是社区居民行为方式的转变。社区营造就是营造新的人，是改变人的一个方式，营造出一个愿意公共参与、具有真正的公德心、具有公民意识的新人，所以社区营造的核心是营造人。

第三年的行动结果其实也非常简单，在照片4中第一行，左边没花没草，右边终于种上了花草；第二行中，本来这边空空荡荡，如今放了一堆盆栽；第三行中，本来小角落脏脏乱乱，右边作了一个屋角小花园。这是三年成果，在众多人看来，这不过是请一些花匠来十几天就可以完成的工作，而在这里却为此花费了三年的时间，不禁有人会思考，这样做值得吗？

照片5 "社区公共空间"绿色廊道

其实这里想表达的是，绿化工作本身是很重要的，但是更重要的是，真正的行动来自外来干预之外，真正的改变发生在这些外来能人离开之后，社区团队的行为。考验一个社区的社造是成功还是失败，有一个非常关键的标准，即外来的能人不管做多少事，辅导多少社区社会组织，带领社区做了多少项目，他们走了之后社区居民还持续不持续？同样的，基层官员不管做多少事，辅导多少社区社会组织，带领社区做多少事，基层政府不推动之后，社区居民还主动做事吗？

中圣里、中泰里居民因为有了环保意识才开始厨余堆肥，因为有了环保意识才开始做雨水储留。因为观念改变了，自组织的意识促成更多行动的发生、发展。有第一个行动就有第两个行动，有两个行动就会有很多行动。甚至很多案例中从一类行动衍生出其他类的公益行动，这一群人从环保又发展养老协会、终身教育协会等，他们一起来解决社区当中方方面面的问题。

照片6 "社区半公共空间"厨余落叶堆肥

如彼得·德鲁克所言，现代化、工业化社会中产生的保姆式政府、万能型政府、由上而下的层级治理模式，已经无法适用信息时代的复杂社会，人与人因为移动互联、因为社区互联、因为互联网互联，而形成各式各样的社群，自组织出来形形色色的活动。自组织在这个时代中处处可见，从朋友圈子到各类协会，在企业内有自我导向团队，有内部创业团队；企业之外有产业生态圈、平台型组织。社会上，从下而上层层自组织出具有行动力和自我发展能力的社区或社群，如职业社群、行业社群与网上社群等，它们自组织、自治理、自发展，自我解决多种多样的民生问题。

对地方政府或枢纽型社会组织而言，在他们还没逐步放手的时候，讲社区营造是成功了还是失败了都为时尚早。作为一个外来能人可能辛辛苦苦工作了三年，社区并不会改变"等、靠、要"的心态，反而会赖上你，一旦你离开这个社区了，社区就又恢复到死气沉沉的状态了。社区营造做的是希望当真正的外来能人撤离了之后，社区不再需要政府去管控，比如写上标牌，由谁负责、由谁管理，每天监督，谁拿三颗星嘉奖，谁只拿到一颗星，谁要被惩罚，而是社区居民能够自动自发地行动。真正的社区营造要做的是改变人，从外来的"输血"，变成自我的"造血"，社区居民自己会主动地把一片空地变成大家的花园。这就是社区营造的意义。

二　什么是自组织？

社区营造的核心意涵在社区的自组织，那么，什么是自组织？以及自组织而来的复杂系统对我们的社会和社区治理到底代表了什么意思？

和自组织的概念相对的就是他组织。他组织指的是由一个权力主体指定一群人组织起来，以完成一项被赋予的任务。自组织（self-organization）则是一群人基于自愿的原则主动地结合在一起，并具有以下的特性：一是一群人基于关系与信任而自愿地结合；二是结合的群体产生集体行动的需要；三是为了管理集体行动而自定规则、自我管理。

这一概念在管理学中多半用的词是网络（Powell，1990），这是指一群自组织结合成整个价值链时，会形成网络的结构。在社会学中却多半使用社区或社群，我则称之为自组织，以统称这一概念。

自组织的概念最初并不来自社会科学，而是热力学中的概念，普里高津研究系统的耗散结构（Prigogine，1955）首发其凡。随后德国哈肯（Haken，1983）研究激光理论，是协同学的创始人，研究的也是相关议题。继之，自组织研究在生物进化、生态学、脑神经医学等领域都已经取得了很多进展。诺贝尔经济学奖得主艾罗和诺贝尔物理奖得主安德森与葛尔曼一起合作成立的圣塔菲研究院（Santa Fe Institute），主要研究的就是复杂系统，尤其是自组织的现象。

同样的自组织与结构化现象也出现在社会、经济之中。华兹与史楚盖兹（Watts and Strogatz，1998; Watts，1999）这两位物理学家原本在研究晚上青蛙叫最后为什么会变成合声，萤火虫最后会一起发光，在苦思不得后，华兹忽然一改方向想起米尔格兰的实验，结果他们的研究发现青蛙叫声的互动网络与人际互动网络十分相像，都是米尔格兰（Milgram，1967）所谓的"六度联结的小世界"，他们把成果发表在最有地位的科学期刊《自然》上（*Nature*，Watts and Strogatz，1998），以及美国社会学期刊上（*American Journal of Sociology*，Watts，1999），最终引爆了复杂网在社会科学研究中的浪潮。

格兰诺维特（Granovetter，1985）所说的"低度社会化观点"就好似水蒸汽状态，每一个都是自由分子在空间中随机运动，�上任何人都可以产生互动。"过度社会化观点"又类似固态的冰，所有动能都不见了，没有能动性的个人只有非常有限的自由，在场力形成的铁栅栏内处处受制。而我们实际的社会却是在这些不同状态中不断转变，大多数的情况是大家既受场力的束缚，又有能动性，更可以集合起来，也就是自组织出一些固定的结构。

2009 年的诺贝尔经济学奖由威廉姆森（Williamson）和奥斯特罗姆（Ostrom）两人共同获得。威廉姆森和奥斯特罗姆研究的都是治理理论，前者（Williamson，1985，1996）探讨的是治理的外在环境是如何影响治理机制的选择，但他同时提出了网络也是一种治理机制，这印证了后者所提出的一种崭新的公共财的治理方式——自我治理（self-governance，Ostrom，1990；Ostrom，et al.，1994），也就是我在本章中谈的自组织。

所以说，自组织有两个特性：一是它是复杂系统的重要组成部分，二是它是一种新式的治理机制。

社区营造运动发生在一个很重要的社会转型期中。这个转型期的一个关键指标就是经过了工业化的高峰阶段，进入了新的发展阶段，有人称之为后现代社会、后工业化社会、第三次浪潮；是全世界先进社会都曾发生过的一个现象，用现在的概念表述则是信息社会，而做复杂网和复杂系统研究的人则将其称为复杂社会。不管怎么称呼，一个重要的特征就是后工业化。这个社会如果被称为后工业化社会，它的一个标志性特征是工业化已经达到了最高峰，以至于它开始走入了一个以服务业为主的时代。

但是用后现代和后工业化社会来描述多多少少有一点过渡的意味，那到底未来是什么样的社会？有人叫信息社会，也有人叫网络社会。卡斯特尔（Castell，1996）在其著作《网络社会的崛起》这本书中指出，在后工业时代有两种模式，一个叫英美模式，一个叫德日模式。英美模式的特色就是服务业大量发展，工业占比大概低到将近20%或更甚。德日模式是工业化达到了最高峰之后，工业的占比不会衰弱得太多，日本德国的工业还能占百分之四十几的国内生产总值，服务业也越来越重要，占比都在百分之五十以上，工业则走上了高度精密的道路。

这些年，我国的工业产业占GDP的比重也达到了最高峰值，无法再成长，而服务业越来越重要，占比超过了五成，所以我们的发展也达到了这一天。最近和我国未来发展道路紧密相关的事情就是十八大以后颁布的社会政策。简单来讲十八大以前我们总在讲两句话,政府的归政府、市场的归市场,以前都是在谈经济怎么发展?市场怎么发展?怎样将政府的归政府、市场的归市场。但在十八大之后我们开始出台了一系列的政策,就谈到了社会要如何发展,社会这一主体被凸显出来了。十八大三中全会之后更出现了一系列落实下来的政策,比如四类社会组织自由登记,又比如鼓励社区社会组织的发展与社区协商。

为什么到了今天,人们在讨论整个社会在转型?社会治理要创新的问题,我们的转型之后要变成什么样子?以至于我们有一系列的各式各样的政策会出来,鼓励社会组织的发展。

不管我们将来会是英美模式还是德日模式,社会治理创新的提出说明了我国也走入了后工业的时代。最早走到这一步的是谁?是英国,它开始在二战前后,紧接着是美国,美国是 1960 年,之后是日本,20 世纪 70 年代走这到一步,紧随其后的是 1990 年亚洲四小龙中国台湾、香港,韩国等这些地方。经过 40 年改革开放,我们也走到了这一步,也就是今天看到的社会大背景,这也是为什么出台了这么多社会政策,为什么一直在讲社会治理创新。

信息社会、网络社会,意味着这是一个人人互联,层层互联的社会,这样的结构也是复杂系统的结构,所以也被称之为复杂社会,呼唤着复杂系统与复杂组织的治理思维(Perrow,1992),此时此刻,"互联网+"高唱入云之际,也有人将其称为互联网思维。其实,互联网思维只是复杂思维在这个时代节点上的一个特色而已。

复杂思维（罗家德，2017）跟我们所讲的社会治理创新和本章所讲的社区治理到底有什么关系呢？简单来讲，第一个，复杂思维是反化约主义的（reductionism）；第二个，它强调整体思维（holistic thinking）；第三个，它分析结构与行动的共同演化系统（co-evolution of behavior and structure）（Padgett and Powell，2012）。

复杂的定义是什么？就是一个系统，可以大到国家、经济体、社会，中间到一个城市、大型组织，小到一个社群、社区，系统中除了有行动者的行动之外，还有行动者之间的连接，以及因为连接而形成的社会网结构。过去的研究我们主要考虑的都是系统中间的个人行动及个人行为的演化，这是大多数社会科学、管理学、公共管理学、传媒学主要在研究的主题。但是过去研究忽略了系统中间还有另外一件事，就是人与人之间的关系，形成社会网，而这个网的结构也在演化，研究者除了考虑个人的行为外还要考虑复杂系统中的社会连接。

复杂系统来自自组织，人与人自组织的层层连接形成了复杂系统。自组织是解释复杂系统的关键。

复杂系统理论不但会要改造未来的治理模式，它也在创造一次学术界的典范移转，它正成为一门跨学科的新兴研究范式，包括了计算机学家、物理学家、生态学家、脑神经医学家、人工智能学者、传媒学家、管理学家，还有社会科学家，整合了大数据分析、系统模型，还有动态网络演化研究。

阿尔法狗（Alpha Go）就是这个新兴学门的最佳典范，它是人工智能的最新成就，模拟人脑得出来的，在围棋上打败柯洁、李世石，天下无敌手了，是脑神经医学的重大研究成果。人脑就是一个自组织出来的复杂系统，人脑可以复杂到六层自组织结构。除了脑细胞，还有脑和脑之间连接的神经突触，所以说脑就是一个复杂系统，而且有六层自组织。脑基本的功能会形成很多的连接，比如，心理学曾经有过巴甫洛夫狗的实验，研究制约反应的实验，即在不断的刺激下，某几个脑神经元就组成了一个反射机制，神经突触特别明显地连接在一起。在狗的实验中，不断用肉诱它，却又在食物中通电，就诱发了它看到肉时焦燥的行为反应。笔者读大学心理学时老师就举一个例子，一个人先喝酒才醉，后来被制约成看到酒壶就酒醉，他也怕老婆，最后，被制约成他看到老婆做出酒壶状就醉了。这当然是一个笑话，我不知道能不能把人制约到这种程度，但这是说几个小的自组织系统也会自组织连接到一块，成为更大的一个系统。人的大脑精密的功能，比如知识、意识，就是神经元与神经突触多层自组织的结果。

人年纪越大自组织弹性越低，成见会变深，因为大脑经过几十年的训练，自组织越来越多，会产生智慧，但也变得有了制式的思维。比如我今天会成为社会网研究的专家，很可能跟你看问题的方式会不一样，因为我的大脑自组织成一个结构，对一些问题有了制式的反应，相比之下，年轻人就有较大的弹性。

也有人用复杂网来研究生命缘起的问题，简单来讲就是一大堆分子如何连接，连接到最后忽然之间被"上帝吹了一口气"，它变成有生命的机体。这种现象叫"涌现"，就像蝴蝶效应"涌现"（emergence）出一个原来臆想不到的新形式。也好像神经元靠神经突触连结，最后涌现出了意识、思想。连接、自组织、复杂系统、演化与涌现构成了复杂思维的基本概念。

社会也是一个复杂系统，应用这个复杂思维去思考今天的信息时代，就成了互联网思维。在信息时代的商业环境中流行的平台组织或者产业生态系统等，其实是自组织出来的，阿里巴巴常常在讲平台战略，平台就意味系统治理者在这系统中就是一个园丁，希望大家都是种子，在这平台上，自我成长，自组织、自治理、自发展，自我造就。最后，种子成小苗，小苗成小树，小树成大树，而平台则成为繁华似锦的花园。

《失控》（我以为更好的译名该是《超越控制》或《控制之外》）一书中，凯文凯利所称的"群蜂思维"就是一种复杂思维。有以下几个特点：一是没有强制性的中心对整个系统的控制；二是次级系统具有自治的特质；三是次系统之间彼此高度连接。点与点之间的高度互动，以至于会形成一个网络结构，这就是我们所讲的复杂网络。靠连接与协商可以得到一个系统的集体行动。

群蜂思维指的就是没有由上而下的统一指挥，靠工蜂自组织起来的集体行动，就能产生协同工作的力量。

人类社会最大的自织织实验在欧盟，现在组织了 27 国，但目前看来岌岌可危，英国都要退出了，所以人类自组织、自治理能力还是不够高。这27国内部有自己的政府，都靠的是民主选举中产生的，最底层自组织就是社区，一层一层向上发展，街镇、城市都是自组织上去的，但是到了欧盟这一层发现连接变得很困难了。跨国联盟、国家、地区、城镇、社群社区就是现代复杂社会中层层自组织出来的子系统。

复杂思维之下也会带来社会科学研究的典范移转，从研究行动到研究网络与行动，以及结构和行动的共同演化，从建立因果模型到建立系统模型，从分析性思维到整体性思维，从现在的定性定量研究到加入大数据与动态资料的研究，从静态或比较静态研究到动态网与系统演化的研究，从线性因果到非线性"涌现"的研究。

但这到底跟我们本章要讲的社区营造有什么关系？和社区治理有什么关系？什么叫社区？什么叫社区治理？什么叫社区营造？自组织正是其中的关系，作为动词，是一个层层组成复杂系统的过程，所以说它是复杂系统的关键部分。但作为一个名词，它却是一种治理机制，是治理复杂系统最核心的机制。

三　层级与市场之外

社区营造背后有很深的治理理论。我们总是在讲社会治理和治理理论，和治理相关的理论其实已发展了六七十年，得过四届诺贝尔奖，出过五个诺贝尔奖的得主，还有一些遗珠之憾，比如说 Olson 的"搭便车理论"，这一领域未来还有可能拿奖的，比如格兰诺维特（Granovetter，1985，2002）就得到诺贝尔奖的最佳指标——引文桂冠奖。

治理理论最早可以推到 1937 年，科斯（Coase）提出了有名的"市场或是组织"的惊人一问，经过了 54 年之后，在他 81 岁时终于拿到诺贝尔奖。科斯首次提出了层级（就是组织，在社会治理上，主要是指政府）和市场是两个不同的治理机制，而且可以因为交易成本的大小而相互替代。科斯（R.H.Coase）在其《厂商的本质》（1993[1937]）里指出，市场中的交易需要成本，即使在私产制度下，资源的运用往往无法靠市场指引，也就是由于市场内交易成本高，由厂商来替代市场，由厂商组织里的经理或监督者指导资源的运用（Coase,1993）。到了 20 世纪五六十年代，西蒙（Simon，1976）建立了一系列治理背后的行为理论，有限理性、机会主义行为、不确定性、信息不对称、少数交易等，他也得了奖，并建立了经济学中交易成本理论的最核心概念，形成了治理理论的基础。治理要解决的正是交易或社会交换秩序的问题，也就是要解决这些有限理性、机会主义行为、不确定性、信息不对称带来的交易无序的问题。

威廉姆森提出层级与市场这两种治理机制，到底什么时候适合市场治理，什么时候适合层级治理。换成我们的社会治理来理解，就是什么时候适合市场，什么时候适合政府；什么事情该是政府做，什么事情该是市场做。他提出一笔交易中的资产专属性、交易频率、行为不确定性与环境不确定是决定交易成本的关键，进而决定了该选择哪一种治理机制。

交易成本理论从经济因素的观点来分析如何形成特定的治理机制，即利用交易成本经济化（transaction-cost-economizing，Williamson，1975）的前提假设来认定、解释与减少交易契约的伤害性，而认为配合此交易所产生的治理机制，是有效达成交易成本经济化的最佳结果。威廉姆森（1985）以为，古典契约需要市场治理，新古典契约需要三方治理，而专属性高的关系契约最有效的是统一治理（unified governance，亦即层级），专属性中等的关系契约最有效的是单方（unilateral governance）、双方治理（bilateral governance），这正是网络社会学者最常探讨的组织网络（Organizational Network，Powell，1990）。

四　自组织的运作机制

（一）自组织为第三种治理模式

奥斯特罗姆则把自治理的机制提了出来，经济学家或管理学家称这种机制为网络（network），社会学家叫社群（community）。第三种治理模式就把它从市场与层级中区别出来。

包威尔（Powell，1990）明确地指出，网络不是层级和市场中的中间形态或过渡形态，而是一种新的第三种治理模式，与层级或市场相比，它具有独特的治理机制、内部运行逻辑和规则。

治理机制一直是组织研究中的重要话题。然而，之前诸多的研究，大多是探讨如何在市场与层级这两类治理机制中进行选择。如以威廉姆森为代表的交易成本学派提出，交易过程中人性因素和交易环境的动态影响而导致市场失灵，这将造成市场交易困难，进而产生极高的交易成本。交易成本的相对大小是决定治理机制形式的重要原因。威廉姆森将网络作为市场与层级的混合模式（hybrid form）。在其后，一连串的研究都指向将网络视为一种中间状态的组织（intermediate organization），而忽视以网络为特征的第三种治理模式的存在——自组织。

包威尔在其《既非层级也非市场》（*Neither Hierarchy, nor Market,* 1990）一文中也批判了威廉姆森的观点。他认为，网络并非一种简单的中间结构，而是包涵了一个特殊的治理机制——信任关系。他开始将网络当作第三种治理机制。在网络的治理机制中，信任关系建立在相互需要的认知上，而不是权威关系或买卖关系所能建立的。信任关系所营造的交易氛围是互惠的、开放的，而非官僚的、束缚的（如层级制），也非自由但猜疑的（如市场）。

在包威尔的看法里，市场的主要治理机制是信息传播、价格机制以及合约，层级结构的主要治理机制是科层结构、命令系统以及公司规章，而网络结构的主要治理机制就是信任关系与协商。所以网络绝对不是市场与层级的混合或市场到层级的过渡型态，而是以信任关系为核心的另一种治理机制。

这种观点在中国管理现象中能够找到很多实例支持，如中国人的外包行为，就是依靠网络和自组织逻辑治理的典型代表。最极端的代表则是佩鲁（Perrow，1992）说的小企业网络。中国人，尤其是台湾、浙江、广州、香港，以及意大利的小企业网络则被认为是最佳典范。以台湾为例，有的小企业网络有层级结构，有的则毫无正式结构，后者以五分埔为最佳代表（柯志明，1993）。它用不上合约与法律，因为它有一个固定的供应网络，因此不会到处寻价议价，更没有哪一家公司是中心厂，其他公司接受其规范，因为每一家小家庭作坊都有可能成为发包商，因此没有正式结构，更不用说正式的命令系统。它的治理机制主要建立在信任关系之上的协商与善意合作，陈介玄（1994）称之为拟似家人关系，即不需要太多的合约，也不需要商业流程与命令。

格兰诺维特进一步指出，威廉姆森的理论忽视了一个重要的环节，即经济行动中存在着的信任关系。格兰诺维特（1985，2002）的镶嵌理论指出，任何经济行动都是镶嵌在社会网络中的。一方面，对于任何一项交易而言，基本的信任是必须的，因为少了起码的信任，任何经济行为都不可能发生；另一方面，信任是决定交易成本的重要因素，会改变治理机制的选择。

首先，信任的存在是必须的，是制度无法取代的，可称之为"最小信任"问题（Luo and Yeh，2008）。其次，信任关系是可以在一定程度上替代制度的。

最小信任问题的提出，让我们看到了即使是市场治理与层级治理之中人际关系与信任也在发挥作用，所以没有什么治理机制是单纯的市场或层级，或多或少都混合了不同的治理类型。信任关系对制度的替代，则说明在治理机制的选择上，自组织与层级制是可以相互替代的，在不同的情境下，如下面的"治理机制的选择"一节中所述，会有不同的"最合适"的治理机制。

格兰诺维特的分析使得人们将关注点从制度、规章、成本算计转移到了人际间的关系和信任。由于信任一方面必不可少，另一方面又能够替代制度而影响治理机制的选择，在管理的过程中就不能只片面地依赖流程、规章和制度，而要重视信任和关系的作用，也就是要在硬性的制度和软性的信任中间做好平衡。

（二）治理机制的选择

格兰诺维特的镶嵌理论（embeddedness; 1985）指出，员工之间的不信任和内斗实际上增大了管理成本的比重。信任的存在可以大大降低组织内的管理成本，从而改变对治理机制的选择。我引伸其意为，当信任的供给充裕时，层级治理未必是好的选择，而以信任为基础的自组织治理才是交易成本最低的选择。

我把他们的理论做了一个简单的总结，威廉姆森以为一笔交易或一次社会交换的环境与行为不确定性、交易频率高、资产专属性高，就不适合市场，而需要市场的机制来治理这个交易或交换。

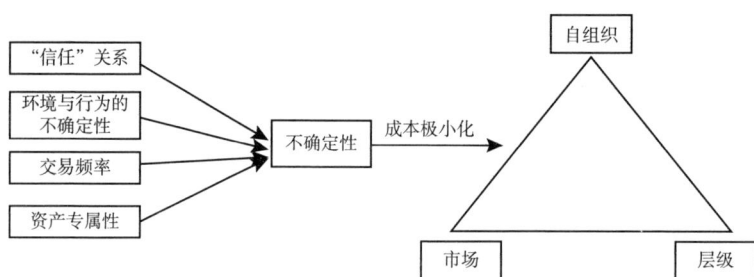

图1　交易成本－镶嵌理论的治理机制模型

从图1中，我们可以看到依照威廉姆森的理论，当一笔交易（或一次社会交换）交易频率高、资产专属性高、环境不确定性以及行为不确定性都高时，用市场治理这笔交易的成本就非常高，不再适合市场交易，需要混合另外两种的治理方式。至于如何在层级与自组织之间做选择呢？依据格兰诺维特的理论，简单地说，当一笔"交易"的供给与消费双方信任需求很强时，而信任的供给也充裕时，自组织成了最好的治理选择，层级治理则非所宜。

基于这些理论的综合，简单归类下，交易如果有下列特性，则需要双方的信任：一是行为不确定性高，因此很难用可观察到的评量工具收集绩效指标，尤其难以用统计数字说明绩效。二是产品是多区隔的，甚至是一对一的。这需要相对独立的团队直接面对消费者，可以随机做出决策以满足多样化的需求。三是产品是感受性的，同样，这需要相对独立的团队直接面对消费者。四是产品是合作性的，要供给及消费双方合作，产品才能产生效用，如教育、医疗、社区治安等。五是环境高度不确定，需要弹性随时应变。六是交易双方没有利益冲突，比如一些对赌的金融产品就会破坏信任。七是信息高度不对称，所谓隔行如隔山，那些律师、会计师、知识产业研发人员，在专业知识方面的差距很大，消费者很难样样精通。

从这里就可以用来解释一些谈政府失败的理论，层级治理强调数字管理，大家要报政绩，现在成为地方政府的 GDP 导向，因为 GDP 可以衡量地方经济政绩，而且是最好计量的方式。但到了信息时代复杂社会，不能只强调经济了，而人民幸福感也很重要，尤其到了街道社区这一层，很多地方的考绩中招商引资不重要了，社区幸福感变得愈发重要了。但是幸福感怎么衡量？因为在这个社区住得很幸福就该升官。那怎么证明？所以当一个计量的模式不客观的时候，层级治理就失灵了。其他如一对一，感受性、合作性、环境高度不确定、需要弹性随时变更，以及交易双方有利益冲突，还有信息高度不对称的交易或交换，层级治理都变得无效了，自组织、自治理就成了最好的选择。

当由上而下的控管手段对某些形式的经济交易、社会交换控制不住的时候，而它又发生在一个信任关系较强的社群之内，社群的伦理与社群的相互监督就发挥着关键的作用，这就是自组织治理的核心功能。

当一个社群达到 500 人以上时，大多数的社群成员就很难直接认识其他大多数的社群成员，学术上称之为大家能在"一步距离之内可达"，也就是大多数人和大多数人直接认识。成员仅通过两步距离就能到达的社群大概不超过 2 万人，也就是大多数透过一个朋友就能认识到大多数的其他社群成员，打听到这个人可信赖的评价。两三万人以上就变得太大了，社群就会出现一大堆信息死角，有很多相互打听不到的陌生人。大概直接认识在 500 人以内的社群，或间接认识在 2 万人左右的一个社群，是可以消灭信息死角的。比如说小刘来找我说："罗老师我想找一个工作，你帮我介绍。"但是对于我而言，不太熟悉她怎么办呢？于是我通过我认识的一个好朋友曹老师，也是小刘的老师，就可以问她小刘好不好。专业能力还比较容易测试出来，但人品好不好、学品好不好是不容易测试出来的，但是我信任的朋友说很好，那我就放心地开始推荐了。信任是可以传递的，因为两步距离可以消灭信息死角，所以社群之内的监督是维持交易或社会交换秩序的良方。

（三）自组织的行为逻辑

西方管理学界长期以来对自组织治理机制的忽视，正是由于西方的管理思想奠基于理性系统之上。西方的现代管理思想是从韦伯

（Max Weber）的层级制与泰勒（Taylor）的科学管理开始（Perrow，1986）的，是以理性管理系统为主轴，但不断以自然管理系统加以修正的思维（Scott，1998）。而中国的管理却刚好相反，我们总以"道法自然"的思想来看待管理法则，所以自然管理系统是主轴。与之对应的，自然系统尊重人的社会性和非理性，强调"自然而然"形成的结构与人的自主性，所以在治理机制上主要采用网络和自组织，依靠成员间自发的合作来解决遇到的问题。因此，中国人天然就更熟悉自组织治理机制。

当然，无论西方还是中国，都无法仅依靠单一治理机制完成善治，都是在各自的基础上，吸收另一机制的特性。良好的治理，常常是层级、自组织、市场三种治理机制的结合和互为补充。

上述三种治理机制，不仅是规则不同，其内部成员身份、运行逻辑、成本和权力的性质也都有所区别。

市场的秩序，如亚当·斯密所言，来自于一只看不见的手。市场的运作是依靠自由竞争，强调的是个人主义，其运作的权力基础是个人的权利，比如房产权利归私人，就有了房屋交易市场，这在房产归集体时是不可能交易的。又比如，人们开始重视并拥有肖像权了，使用别人肖像就必须付费，要不然就成为侵权。成员可以在市场上进行自由交易，选择交易伙伴，遵循交易的逻辑，讲求守约的道德观。权力是分散化的，握在每个交易者的手上。市场会带来交易成本，需要理性的经济人，极小化成本，极大化个人收益，追求企业家精神，以创造交易的机会。

层级制带来的秩序，如钱德勒在《一只看得见的手》中所云，来自于看得见的手，其运作主要依靠层级中的服从和命令系统。成员在其中的身份是集体化的，强调集体主义，遵循权力逻辑，权力是自上而下的，如巴纳德（Barnard，1938）所言，当一个社会人进入组织之后，会被转化为组织人，能够有效地协同由上而下的意识，进行协作，所以层级制中强调的是集体主义，追求雷锋精神，务使由下而上服从，贯彻由上而下的意识。层级制需要建立自上而下一套完备的科层体系，订立各种规章制度，建立工作流程，因而会产生较高的管理成本。

自组织治理的秩序则建立在一次又一次的"握手"，也就是社群成员的合作精神上，主要依靠成员间的合作运行，其内部成员身份是志愿性的，崇尚志愿者精神，社群建基于情感性关系——亲情、友情、邻里情，或认同性关系——共同志业，共同兴趣，共同记忆或共同价值观之上，遵循着关系逻辑，权力是自下而上组织起来的。关系和信任是自组织的重要因素，一次又一次的握手背后，有着社群成员共同的行为守则，这就是奥斯特罗姆所说的自治理机制，包括自我协商、共同遵守的社群规则，但更重要的是基于一般道德建立的社群伦理，比如医生有医事伦理，学者有学术伦理，记者有媒体自律等。为了建立和维护关系，自组织治理会产生关系成本。

三种治理机制特点的对比详见表1

表1 三种治理机制行动逻辑特点比较

	市场	自组织（社群）	层级（政府）
思想基础	个人主义	社群主义	集体主义
权力基础	个人权利	小团体自治权	大集体的暴力垄断权
人性假设	理性经济人	镶嵌于社会网的人	组织人
关系基础	交易关系	情感关系	权力关系
行为逻辑	竞争逻辑	关系逻辑	权力逻辑
道德基础	守约	社群伦理	为大我牺牲小我
秩序来源	看不见的手	礼治秩序，小团体内的道德监督	看得见的手
适合环境	低频率互动、低资产专属性、低行为及环境不确定性时	高频率互动、高资产专属性、高行为及环境不确定性时，但交换双方行为不易于观察、衡量、并统计，需要双方信任时	高频率互动、高资产专属性、高行为及环境不确定性时，但交换双方行为易于观察、衡量、并统计时
追求目标	效率、效能	可持续性发展	集体的一致性、稳定性

六　本章结论

社区，是一个我们生活的地方，应该追寻着一种创造幸福、可以持续的日常生活的逻辑，所以在维持社区交往秩序上，会更强调自组织的治理机制，基于情感性关系——亲情、友情、邻里情，以及认同性关系——共同志愿、共同记忆、共同价值，而不应该太过强调基于交易关系的市场治理，以及基于权力关系的层级治理，在一群邻里友人间都是交易与权力，实非所宜。所以，自组织是社区营造的基础[①]。

正确的治理机制可以带来极大的效益，使交易成本降低极多，从而使效率大为提高。本章以养老为例说明自组织作为一种治理机制能为社会带来的价值。台湾台南大学公共管理学者王光旭在台湾做调查，比较了层级机制与自组织机制下养老的效率。从图1中可以看到从前台湾的养老就和我们今天的思维是一样的，所有的老人跟社区是没关系的。老人不是直接面对医疗机构就是直接面对福利机构。

现在很多地方的养老政策都是"3790"，即3%政府养老、7%商业养老、90%居家养老，差不多全世界都是这样的比例。因为要鳏寡孤独废疾者皆有所养，这些就是政府的责任，但是由于政府的养老院因为资源有限，所以其素质、水平和服务的态度都比不上商业化的养老院。而7%的商业养老，只有最有钱的一群老人才会选择商业养老的养老方式。我们今天有一个非常大的认识误区，以为中国的老龄化社会来了，养老商机无限，但其实能够做到在地商业养老的人不多，市场不如想象得大。还有一种移民养老，移民养老的缺点就是跟儿女离得太远。有一段时间日本本土养老太贵了，于

---

① 社区自组织理论可参考罗家德、李智超（2012）。

是在巴西建立了许多老人村，因为巴西的物价便宜、人工便宜，你在那里整个配套搞好，就算找了巴西最好的医院和护工，东京来的中产阶级也能付得起。然而在东京本土，只有最富裕中上阶级才享受得了东京地区的商业养老，或者在日本的商业养老。中国将来会有一个趋势，就是上海老人和北京老人可以到一些山清水秀的市郊，甚或是大理、贵阳等地，去养老，前提是把那里的医院搞好了。但是很多老人不太愿意，为什么？因为离儿女太远，一年只有几次机会互相看望，除非老人的小孩子都在海外，老人才会愿意。移民养老所占的比重也会很低。

所以九成是居家养老，但往往是居家却没老可养，就是老死家中也无人问津。美国就是这样典型的社会，大家听到张爱玲竟然死在房子里头没人知道，一个礼拜后才被发现，其实美国很多老人都是这样。居家养老就是居家没人管。

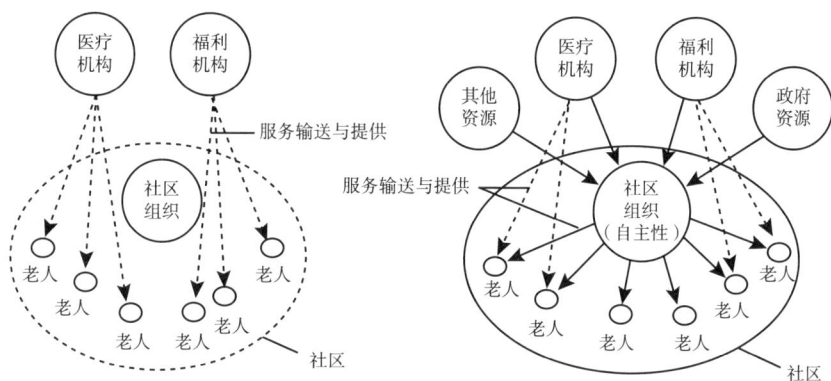

图2 台湾地区的养老模式

社区营造试图让所有的居家老人直接面对社区，社区有日托的中心、老人的活动场合，送饭服务等，鼓励低龄老人照顾高龄老人，让老人的儿子、女儿、媳妇有时间的，站出来集合在一起，照顾他们。他们之间能解决互相的需要，如果一个老人总跟一个媳妇面对面锁在家里，久了一定相看两生厌。但让他们走出来，让一群老人在一起，这就叫作社区养老，它形成了老人服务体系中最重要的一环。根据台湾统计，为了照顾3%的老人，台湾一年花到49亿台币。而用来鼓励社区养老，同一年只补助了三亿六千万台币。以台湾为例约七成社区有了养老点。换句话说，台湾用来办养老院一年的经费和引导、辅助社区养老的钱差了13倍。每个社区中能覆盖的老人不好评估，但七成社区有了养老服务，只用了十三分之一的钱，保守估计一个社区中平均10%的居家老人受益了，其养老资金的使用效率也是25倍于政府的养老院服务。如果说更高比例的居家老人，比如20%，得到满意服务，养老效率相比政府老人院的效率就大概有五六十倍了。

社区营造是社区养老的基础，没有良好的社区营造，社区居民都不愿意出来，一个养老点在那里根本没有人愿意当志愿者，没有人出来服务，那就什么事情都没有办，社区养老就是空谈。所以社区营造是社区养老和居家养老的真正核心。

从威廉姆森讨论治理机制开始，自组织作为一种治理机制即被提上议程，包威尔指出它是独立于层级与市场之外的第三种治理机制，并且这三种治理机制中人的行动逻辑是不一样的。格兰诺维特的镶嵌理论进一步指出，任何治理机制中都需要最小信任，引申而言，就是任何交易或交换的善治往往是自组织、层级、市场的混合，而不是单纯的某一种机制。公共事务的善治就是社会、政府与市场三方协力的结果。另外，格兰诺维特还指出信任与制度的替代作用，也就是不同的情境会适用不同的治理机制，会偏向何种治理类型？要由其交易性质、外在环境与信任关系而定。

随着知识经济与服务业经济的兴起，企业层级之内确实混杂了越来越多的自组织治理，如杜鲁克（Drucker，1993）提出的成本中心制度，以及晚近常见的内部创业制度和自我导向团队。同时随着组织扁平化以及企业再造工程（Hammer，Champy，1993）的推展，企业开始倾向留下核心业务，外包其余业务，所以网络式组织（network form of organization）兴起，取代了很多垂直整合型大型层级企业，这是在产业层次上的自组织治理。

除了上述的企业相关的自组织理论外，公共管理领域也有着类似的理论，奥斯特罗姆提出的"多元中心"即是以自组织为主的治理机制。林南提出的民权、政权、社权的概念正是呼应了社会学中的市场、政府与社群的概念。而明茨伯格则进一步指出好的公共事务治理一定是这三者之间的平衡，失衡一定会带来社会的衰败。

综合组织管理与公共管理两方面的自组织理论，我们可以看到：

自组织是市场与层级之外的第三种治理机制。

任何善治都应该混合层级、市场与自组织三种治理。

不同情境需要不同的治理机制，会有所偏重，但亦必须有所平衡。

回看我们今天的治理理论陈述中，总是在市场与政府间讨论公共管理，总是在市场与层级间讨论组织管理，都对自组织这种治理机制不够重视，这绝非善治之道，因为好的治理应该是平衡的治理。

社区营造的基本原理正是自组织治理理论，在一个社区之内营造出相互信任、相互合作的人际关系，就可以产生相互惕励、相互监督的机制，从而克制了有限理性、机会主义行为、不确定性、信息不对称等的治理问题，使集体行动可持续同时又带来公共效益的结果。这些集体行动正是一个社区中居民参与公共事务，集体"造血"的机制所在。

社区营造是一种专业技能，其目的不止是营造社区，而更重要的是造人，通过理念的宣导、方法的辅导，最终改变的是人的行为习惯。因为人的改变而使得自组织治理成为可能，带动了社区居民的积极性，改变了"等、靠、要"的习惯，共同参与到公共服务中来，解决社区的问题，消弭了有限理性、机会主义行为、不确定性、信息不对称等的治理问题。

参考文献

陈介玄，1994，《协力网络与生活结构——台湾中小企业的社会经济分析》，台北：联经出版社。

柯志明，1993，《台湾都市小型制造业的创业、经营与生产组织——以五分埔成衣制造业为案例的分析》，台北：中研院民族所。

罗家德、叶勇助，2007，《中国人的信任游戏》，北京：社会科学文献出版社。

罗家德，2010，《自组织——市场与层级之外的第三种治理模式》，《比较管理》第 2 期，第 1~11 页。

罗家德，2010，《中国商道——社会网与中国管理本质》，北京：社会科学文献出版社。

罗家德、李智超，2012，《乡村社区自组织治理的信任机制初探——以一个村民经济合作组织为例》，《管理世界》第 10 期，第 83~93 页。

罗家德、孙瑜、谢朝霞、和珊珊，2013，《自组织运作过程中能人现象》，《中国社会科学》第 10 期，第 86~101 页。

罗家德、方震平，2013，《社会资本与重建参与——灾后恢复过程中的基层政府与村民自组织》，*Waseda Rilas Journal*，Waseda University，1: 99-107。同时刊登在《社会政策评论》2013 年夏季号。

罗家德、帅满、方震平、刘济帆，2014，《灾后重建纪事——社群社会资本对重建效果的分析》，北京：社会科学文献出版社。

罗家德、孙瑜、楚燕，2014，《云村重建纪事——一次社区自组织实验的田野记录》，北京：社会科学文献出版社。

罗家德、邹亚琦，2015，《社会资本对社会成就归因的影响：以地震灾区农村居民数据为分析》，《江苏社会科学》第 5 期，第 21~29 页。

罗家德、帅满、杨鲲昊，2017，《政府信任何以央强地弱》，《中国社会科学》第 2 期，第 84~101 页。

罗家德，2017，《复杂——信息时代的连结、机会与布局》，北京：中信出版社。

Barnard, Chester. 1938. *The Functions of Executive*. MA: Harvard University Press.

Castells, Manuel. 1996. *The Rise of the Network Society*. Cambridge: Blackwell Publishers.

Coase, H. 1993. "The Nature of the Firm," in Oliver Williamson and S. Winter (Ed.), *The Nature of the Firm*: 18-61. NY: Oxford U. Press.

Drucker, P. 1993. *The Post-Capitalism*. New York: Harper and Row Publishers.

Granovetter, M. S. 1985. "Economic Action and Social Structure: The Problem of Embededness," *American Journal of Sociology* 91 (3): 481- 510.

Granovetter, M. 2002. "A Theoretical Agenda for Economic Sociology," in R. C. Mauro F. Guillen, Paula England and Marshall Meyer (ed.)*The New Economic Sociology: Development in an Emerging Field*. NY, Russell Sage Foundation.

Haken, Hermann. 1983. *Synergetics Nonequilibrium Phase Transitions and Self-Organization in Physics*, Chemistry, and Biology.NY: Springer-Verlag.

Hammer, Michael and Champy, James. 1993. *Reengineering the Corporation.* NY: Harper Collins Publishers, Inc.

Luo, Jar-Der, and Yeh, Kevin. 2008. "The Transaction Cost Embeddedness Approach to Study Chinese Subcontracting," in Ray-May Hsung, Nan Lin and Ronald Breiger (ed.), *Contexts of Social Capital: Social Networks in Communities, Markets and Organizations*: 115-138. New York: Routledge.

Milgram, Stanley. 1967. "The Small-world Problem," *Psychology Today* 1:62-67.

Ostrom. E. 1990. *Governing the Commons: The Evolution of Institutions for Collective Action*. Cambridge: Cambridge University Press

Ostrom, E., Gardner, R., & Walker, J.. 1994. *Rules, Games, and Common-Pool Resources*. Ann Arbor: University of Michigan Press.

Padgett, John F. and W. W. Powell. 2012. *The Emergence of Organizations and Markets*. NJ: Priceton U. Press.

Perrow, Charles. 1986. *Complex Organization: A Critical Essay*.NY: McGraw-Hill.

Perrow, Charles. 1992. "Small-firm Networks," in Nitin Nohria and Robert G. Eccles (ed.), *Networks and Organizations*. Boston: Harvard Business School Press.

Powell, Walter. 1990. "Neither Market nor Hierarchy: Network Forms of Organization," *Research in Organizational Behavior*, 12:295-336

Prigogine, I. 1955. *Thermodynamics of Irreversible Process*. NY: Ryerson Presss.

Scott, Richard. 1998. *Organizations: Rational, Natural, and Open Systems*. NJ: Prentice Hall.

Simon, H. 1976. *Administrative Behavior* (3rd ed.). NY: The Free Press.

Watts, Duncan and Steven Strogatz. 1998. "Collective Dynamics of Small-world Networks," *Nature* 393: 440-442

Watts, Duncan. 1999. "Dynamics and the Small-World Phenomenon," *American Journal of Sociology*, 105 (2):493-527

Williamson, O. 1975. "Transaction-cost Economics: The Governance of Contractual Process," *Journal of Law and Economics*, XXII (2): 233-261.

Williamson, Oliver. 1985. *The Economic Institutions of Capitalism*. New York. The Free Press

Williamson, Oliver. 1996. *The Mechanisms of Governance*. New York: Oxford University Press.

实证性（量化）研究和诠释性（质性）研究的联结：韦伯的启示 [*]

谢立中 [**]

主持人：北京工业大学原院长陆学艺先生 2013 年去世以后，北京工业大学成立了以陆学艺命名的这样一个比较高端的学术讲座。这个讲座在过去的四年间一共举办了 25 讲。今天是第 26 讲，非常荣幸地请到了我们都非常熟悉也非常敬重的谢立中老师。今天谢老师给我们带来的题目是《实证性（量化）研究和诠释性（质性）研究的联结：韦伯的启示》。我想这个题目也是我们非常感兴趣的，可能会让我们在方法论上得到很大的启发和收获。接下来的时间我们交给谢老师！

谢老师：很高兴有机会能够参加我们这个社会建设论坛。社会建设讲座是我们北工大的一个保留项目，每年都搞，搞了很多次，因为陆学艺先生就是专门研究社会建设的。但是我这个题目跟我们今天下午这个论坛在主题上不是太衔接。唐军老师跟我打电话说希

---

* 本讲为"陆学艺学术讲座"第二十六讲，时间：2017 年 7 月 15 日，地址：上海大学宝山校区 CJ204。

** 谢立中，北京大学社会学系，教授。

望我来做一个讲座。我当时给了主办方两个题目，一个题目是讲我国未来的城镇化率问题，一个题目是讲这个方法论方面的研究。主办方希望我讲这方法论方面的题目，所以我就来讲讲这个题目。

关于我国未来城镇化率的问题，我写了一篇文章并且已经发表了，大家可以去看。而今天要讲的这个题目我还没有把它写成文章，因此也还没有发表，只是研究心得。今天就是要在这里跟大家交流一下自己的一点研究心得。

之所以要讲这么一个题目，其实应该说也是有一定的现实背景的。大家也知道，这两年我们社会学界关于研究方法有一些争论，尤其是去年争得有点白热化。主要是围绕定量研究和定性研究之间的优劣来展开的。对于这场争论的发生，我自己推测有两个背景。一个是最近这十几年有一批从美国回来的学者，像谢宇教授等人，回到中国来大力推行定量研究的方法。美国的定量研究是比较成熟的，这些美籍华人回来以后努力把他们的理念、一些方法传授给我们国内的学者，从而使我们中国社会学界定量研究的水平上了一个档次。应该说我们今天定量研究的水平，尽管可能跟美国相比也许还有差距，但是看上去已经是比较成熟的样子。打开我们《社会学研究》《社会发展研究》这些杂志的时候都能看到，定量研究的文章很多。那些研究论文从形式上看非常像自然科学论文，自然科学化的程度显得非常之高。第二个背景就是大数据的出现。随着互联网大数据的出现，又有一批学者在大力提倡大数据的研究。这些研究被叫作计算社会科学，也是从美国传过来的，对吧？我们武汉大学罗教讲教授搞了好几次计算社会科学的论坛，还有南京大学陈云松老师也写了好几篇用大数据去做社会研究的论文。这些定量的研究及论文在中国影响越来越大，引起了一些学者的担忧。这些学者觉得定量研究有可能将来会被大家认为是唯一的一种社会研究的方法。这些学者认为这种想法是不对的。因此，我们看到有一批学者对定量研究开始越来越占据主流地位的现状发出了自己的一些抗议、不满。

首先是我们北大的渠敬东老师在一个访谈中直接把定量研究和定性研究的分歧给表述了出来。渠老师认为定量研究是不能真正帮助我们挖掘和揭示社会奥秘的。社会的奥秘是和文化、历史紧密结合在一起。你要想懂这个社会里面人的行为和思想等等，就必须要去懂支配着这些人的行为和思想的文化元素、文化积淀、历史积淀。所以渠老师、周飞舟老师、应星老师这一批学者们努力在倡导一种叫作历史社会学的社会研究路径。这几天我们年会上设有一个历史社会学论坛，就是周飞舟老师主持的。我们上海大学社会学系的主任、《社会》杂志的编辑部主任肖瑛老师把他们的研究路径叫作"社会学的历史转向"。他写过好几篇文章，谈社会学的历史转向，而且明确提出来"无历史不创新"。就是说今天中国的社会学怎么创新呢？必须要去回溯历史，要去深挖我们中华民族的历史文化传统，从历史文化传统的把握当中去理解我们今天中国人的行为、生活。

所以他说"无历史不创新"，社会学要有一个历史转向。这些老师对定量研究如此地张扬感到担忧和不满，他们担心定性的方法可能被排除掉，希望发出自己不同的声音。另外我们也知道中国人民大学潘绥铭教授也发了一些文章，直接针对大数据研究，认为大数据根本不可能帮助我们社会科学很好地理解社会。南京大学的陈云松老师马上就写了一篇文章回应他，说大数据有大数据的用处，对于大数据我们不要过于推崇，但是也不能完全加以贬斥。之后我们还看到南京大学的成伯清老师等，都以各种方式对上述争论做了一些回应。可见定性研究和定量研究的关系在我们中国社会学界已经成为一个无可回避的争议性问题。到底该怎么样来看这个问题，我也做了一些自己的思考。在这个过程当中，我想到了韦伯。我觉得韦伯在这个方面有一些特别的想法。这些做法也许可以给我们一些启示，当然这不是唯一的启示。所以，今天我就想对自己读到的韦伯在定性研究、定量研究或实证研究和诠释研究之间关系的看法做一个汇报。

当然，从今天讲座的题目可以看到，我们要讲的是实证性的量化研究和诠释性的质性研究的联结。这个题目本身已经标识出了一种特定的想法或者立场，即认为定性研究和定量研究不是互相排斥的，应该可以联结起来。这并不是某些个人的观点或立场。大家去检索中国知网讨论方法的那些文献，可以看到海内外都有一批人是在寻求将定性的方法和定量的方法加以联结的途径。而我们回顾韦伯时，就可以看到，韦伯的诠释社会学或理解社会学其实可以被看作最早试图来把这两种研究模式加以联结的一种尝试。

我首先来讲一讲实证性的量化研究的特点和局限。

我们先简单说说实证性量化研究的特点。我把它归结成这么几个方面。

第一是数量化，无论在概念还是在判断方面，都要用量化的方式来加以表述。如果你提出了一个概念，那么这个概念就应该是一种变量，要尽量地具有可操作性，不能是一种模糊的没办法操作的、没办法量化的概念。所以实证研究首先要求概念必须是可量化、可操作化的、变量性的概念。在揭示变量和变量之间关系的时候也要尽量地把它给量化，这是第一个特点。

由这个特点就催生了第二个特点，就是精确化。实证性的量化研究对社会现实的描述、分析从形式上看相比较而言是精确的，不会说也不能说些很模糊的话。

第三个特点就是客观化。因为它要量化、要精确化，一定是侧重于把研究对象中那些可以客观加以测量的方面给揭示出来，对于那些没有办法客观加以测量的方面就把它忽略掉。所以，从表面上看，它的概念和它的命题，相对来讲是比较客观化的。就像涂尔干讲的一样，我们要去观察的是什么呢？是研究对象具有的外在特征，而不是内在特征，因为内在的东西是难以客观地观察到的。能够客观观察到的东西，也就是是那种能够重复地观察到的东西一定是事物的外部特征。实证性的量化研究所揭示、所描述的是研究对象可以客观地加以观察的那些方面，所以它具有客观化这么一个特点。

因此第四还有一个特点，它可以规模化地加以观察。因为它要测量的是客观事物所具有的可以被重复观察到的那些外部特征，因此我们对一个研究对象进行观察时，相对来说成本会比较低，因此我们也可以开发出一些技术来批量化地去观察，例如问卷调查，它可以帮助我们去进行一种规模化的观察和分析。这样它也就非常适合于用来对事物的一般性状况、发展趋势以及相互关系进行相对比较精确的数量化的描述和分析。这也是实证性量化研究的一个重要特点，也是它的优点。

但是实证性的量化研究也有它的一些局限。在这些局限里面，我认为最重要的，到今天为止其实也没有彻底加以克服的，就是实证性的量化研究在对事物变量之间的关系进行分析之后，它能够得到结果其实主要是相关关系，而不是因果关系。尽管统计学家们100多年来花了很多力气、发明了很多方法想来克服这一点，但是到今天为止，我们如果仔细地去阅读学者们运用定量研究方法来做研究的那些论文和著作，就可以看到尽管他们提出了很多方法想来帮助我们形成因果关系的判断，但你还是可以发现他们很多人在这方面其实自己都是信心不足的。我们从理论上的分析可以看到他们用统计分析的方法、用定量研究的方法对变量间的关系进行分析时得到的只是相关关系，发现的只是两个变量之间有相关性。但是这些被发现具有相关性的变量之间是否真的是因果性的关系，用定量研究的方法本身是没有办法得出肯定性判断的。要想确定具有相关关系的两个变量之间是否具有因果关系，你必须要借助于定量方法之外的一些手段，比如理论的思考，比如其他的一些非量化的资料等。

为什么用定量研究方法对变量之间的关系进行分析时只能得到相关关系，而不能得到因果关系？这是因为要想判断两个现象之间是否有因果关系，除了要确定它们之间是否具有相关关系之外，更重要的一点是要看我们是否可以辨析或者解释清楚这个被我们发现具有相关关系的两个变量之间到底有没有因果机制。如果你认为这两个有相关性的变量之间有因果关系，那你就必须说清楚它们之间的因果联系是怎么样的，能够把它们的因果联系机制解释清楚。如果解释不清楚，你就没办法肯定它们之间是否有因果关系。因果解释不可能只是根据两个关系之间有相关性或者有共变性，再加上发现它们两个变量之间时间上有一些先后关系，就断定它们之间是因果关系。那是不可能的。无论是在社会科学领域还是自然科学领域，当我想要进一步判断具有相关性的两个变量之间是否真的有因果关系的时候，我就必须要对它们之间的因果联系机制做出解释。

因果机制解释的实质，实际上是什么回事呢？我们看看自然科学和社会科学中已有的因果机制解释，就可以看到这种解释的实质是这样的，按照我的理解，就是用更低层次结构成分之间的相互作用来解释由这些成分构成的高层次整体的变化。比如用细胞的运动来解释我们器官或者是起码是肌肉组织的变化，它的新陈代谢、它的存活和死亡，以及用我们的器官或者是组成我们身体的生理系统之间的关系来解释我们整个人的机体的生存和变化。再比如用原子间的相互作用去解释分子的运动，等等。这都是因果机制解释。可见，即使是在自然科学里面，研究人员也不会因为发现两个东西之间有相关性，然后又发现它们之间有先后关系就宣称它们之间可能是有因果联系。要想判断它们之间是否有因果联系，你必须要对它们之间的因果联系机制做出解释，而这种解释的主要内容就是用你这个研究对象更深层次的组织成分、结构成分之间的相互作用去解释这个研究对象的运作和变化。如果可以解释过去，那你就可以说我可以断定这两个变量之间是有因果关系的。

但是现在我们看到在社会科学里面要做到这一点并不容易。涂尔干是最早在我们社会学里面用定量研究的方法来研究社会现象的一个学者，他的经典作品之一就是《自杀论》。我们来看涂尔干在《自杀论》这本书里面是怎么样去进行因果解释的。他要解释自杀率的变化，找了很多变量来进行分析，包括一些非社会现象，如时间的长短、温度的变化、个人的精神状况等，还有一些社会现象，如这个人结婚没结婚、子女的多寡、信仰什么宗教、人际关系如何等。运用统计方法进行分析以后，他发现跟自杀率关系最密切，也就是与自杀率具有很强的共变关系、用我们今天的话说就是具有很强相关关系的因素就是社会整合程度。就是说发现自杀率跟社会整合程度密切相关。其中有一种自杀率是整合程度越高，自杀率就会越高，这是一种利他性自杀。还有一种就是社会整合程度越低，自杀率越高，这是一种利己型自杀。还有一种就是失范型的，就是整个整合程度都不行的。总而言之，不管是哪种类型的自杀率其变化主要是跟社会整合程度有关。

但是我们现在要问，他通过统计分析所发现的到底是自杀率和社会整合程度这两个变量之间的什么关系呢？毫无疑问，他发现的首先是它们之间有相关性，自杀率的高低变化跟社会整合程度、跟人们所处群体的凝聚力高低有密切的正或反的相关性。但涂尔干并不满足这种相关性的发现，他最后的推论是这两者之间具有因果性。

我们来看他是怎么解释的。为什么新教徒的自杀率比其他教徒的高，为什么结了婚的男子自杀率要比没结婚的要低呢？为什么子女多的家庭父母自杀率比没有子女的自杀率要低呢？他在解释这些现象的时候，首先是发现我刚才讲的，所有这些自杀率的高低都是跟自杀者所属群体的整合程度相关。因此他的结论就是影响自杀率高低的主要因素或主要原因是社会整合程度。他依据这个分析提出一些对策，就是要加强社会整合程度等。

但是如果单纯是从这两个变量，即自杀率和社会整合程度密切相关这样一个现象去推论这两者之间是有因果关系，这样一个推论在今天来看过于简单了，根本不能成立。在涂尔干的书里面，他也隐约意识到这一点。所以我们看他在从相关关系进一步推论社会整合程度是影响自杀率变化的原因时，并没有简单地停留在他所发现的这两个变量之间的相关这样一个依据上面。他也意识到单纯从数据上是没办法推论他所发现的社会整合程度跟自杀率之间的共变关系背后隐含的是因果关系。因此我们去看他的书，可以看到他不得不借助一些常识来进行这种推论。比如说一个宗教团体对个人判断做出的让步越大，这个团体主宰个人生活的力量就越小，个人产生自杀意愿时从团体那里获得的约束就越弱等。换句话说，他不得不用一个团体对个人的意识，就是"我想自杀了"这种个人意识之影响力的大小作为一个中间因素，来搭上从相关关系推到因果关系的中间桥梁。他不得不借助这样一些常识来进行推论。为什么叫它们为"常识"？因为这个知识信息是他的那些统计数据里面没有的，是他自己在日常生活里面通过观察得到的一些常识，他必须要把这些常识拿出来作为他进一步推论说社会整合程度是引起自杀率变化的原因这一结论的一个证据。否则光靠那些定量的统计数据得不到这个结论。他只能根据这些常识作为中介得到结论说新教徒的自杀率比较高是因为他们不像天主教徒结合得那么紧密。所以涂尔干最后在形成因果判断的时候也不是简单地从数据出发。

同样涂尔干在解释为什么随着离婚率的上升丈夫的自杀率高于妻子的自杀率时，也要借助一些常识，比如说离婚使得丈夫所依赖的心理失去平衡。这也是在讲个体意识，是比整个自杀率低的分析层面。本来涂尔干在《自杀论》里面说不能用个人行为、个人意识来解释自杀率。可现在我们看他不得不用个体的意识去解释宏观现象的变化。为什么会有宏观的、团体现象的变化呢？导致这种变化的具体机制是什么呢？是因为离婚使"丈夫所依赖的心理平衡和宁静被打乱了，取而代之的是一种使人不能满足所得之物的不安心理"，这也就是用个体的心理或意识因素去解释宏观现象。相反，离婚却减轻了妻子由于婚姻关系而遭到的约束、压迫和痛苦，这也是讲个人因素，已经不是团体现象。他必须借助这些关于个人意识的常识来帮助他推论出因果关系来。

这是涂尔干的案例。从这个案例我们可以看到，单纯从两个统计数据之间的相关性中推不出它们之间的因果关系。你要想推出它们之间的因果关系，要想确认这两个有相关性的变量之间确实是有因果上的一种联系，你就必须要有别的证据，两个统计数据之外的证据。这个证据就是机制分析，就是你要分析个体的行为。

涂尔干所遇到的困难几乎是以定量的统计分析方式来对事物之间的因果关系进行探讨这种研究模式所具有的通病。所有的定量分析都会有这么一个问题，它没有办法从两个变量之间的相关性当中简单直接地推出它们也是有因果关系的。一定要借助理论分析，借助其他非量化的资料。

韦伯所倡导的理解社会学或诠释社会学正是试图为社会学的分析提供一套有效的因果机制分析。对韦伯的一些想法，大家都很熟悉。韦伯说社会只是一个名称，社会本身不是一个独立的存在，它只是一个名称，只是无数个个体行动的集合。涂尔干认为是独立于个体的那些社会现实，那些所谓团体的行为、团体的趋势，像国家、团体、封建主义等，在韦伯看来本质上都是无数个体行动的一个集合，只是标志着一定类型的人类相互作用，是个体行动的效果而已。所以在韦伯看来，要想理解社会本身，或者理解任何一种涂尔干所讲的团体性现象，就必须把它还原为通过自己的行动建构了这样一些社会现实的那些个体的行为，并且通过把握这些行动者在行动的时候赋予行动当中的主观意义去理解这些行动，以及作为这些行动之后果的那些社会现实。也就是说，要把这些概念所表示的现象毫无例外地变成，或者用我们今天的话来讲，还原为参与了建构这些社会现实的个人的行为。因此，在韦伯看来，把各种社会现象还原成为可以理解的个体行动，是社会学的首要任务。把它还原为个体的行动才有可能理解它，而要理解个体的行动就要深入到行动者的意义世界里面，通过把握行动者在行动时赋予行动之上的主观意义来达到对行动的理解。个体的行动跟自然界的运动一个最大差别就是自然界的运动是无意识的，所以自然科学家去研究自然现象的运动变化时，他没有别的办法，只能够从外部去观察自然界的运动，并且用他们观察到的自然物体之间的相互作用去解释它们的运动变化。比如说一杯水它本来是停在这个地方，然后它升起来了。怎么解释呢？它就要用我们这个手对这个物体施加这么一个力，对它进行一个作用，克服地球对它的引力，才能使它重新升到一个新的距离。它的空间位置的变化只能用物体之间，也就是我们从表面上可以观察到的两个自然物体之间的相互作用、力的相互作用去解释物体的变化。这里举的是机械运动的例子。对微观世界里物质运动的解释也是一样，用分子之间、原子之间或者电子之间，或者更微观的粒子之间的吸引或排斥等相互作用去解释。对于宏观的天体运动也是用吸引和排斥等相互作用去解释。韦伯因此说自然科学家很可怜，他们只能这样用从外部观察到物体之间的相互作用去解释自然现象的运动和变化。他们只能这样做，没有别的办法，因为他们不可能问一个物体你为什么要跑这来。因为物体是无意识的，它们之间的运动就是由于它们之间的相互作用造成的。但是我们社会科学家研究的社会现实就不一样。社会现象是由人的行动建构出来的，而人的行动是有意识的。所以要想理解一个人的行动就要去理解他在从事这项行动的时候，他赋予这项行动之上的主观意识，在韦伯这里指的就是行为动机。为什么我要来这里做这个讲座，为什么你要听这个讲座？你要一个一个去问，问了以后我们才能明白，为什么这些人今天下午会到这里来共同建构这样一个社会现实，建构出我们这样一个具有特定主题的论坛。你单纯从外部去观察是观察不出什么结果来的。这就是韦伯的见解。所以韦伯认为我们社会科学家会比自然科学家更多一个优势，就是我们可以通过理解的方式去理解行动者。具体说，就是去理解行动者在行动时赋予行动之上的主观意义，然后通过对这个主观意义的理解来理解行动者的行动，以及作为这个人的行动或者作为无数人行动之后果的那些社会现象。

所以，从韦伯的观点来看，解释就意味着能够掌握到行动者自己的主观意义或行为动机与他的行动及其后果之间的联系。我为什么来这里讲，你为什么来这里听，为什么我要用麦克，为什么要买这么多水，这些行动都有一个行动者的行动动机或主观意义在里面，只有把这个主观意义把握到了，我们才能够解释个人的行动。只有当我们能够解释许许多多个人的行动，我们才能解释作为许多个人行动之后果的任何一种社会现象。无论是一个论坛的形成、变化，还是一个学校的运转、一个国家的运转，还是整个人类社会的运行，其道理都是一样的。这就是社会科学里面的机制解释，即用个体行动以及个人之间的相互作用去解释由个体所组成的那些宏观的社会现象。通过这种解释才能够发现社会现象变化的真实的具体原因。

韦伯在他的著作里面还对理解过程专门做了讨论，因为要把握行动者的行动之上的主观意义，就只能靠理解，不能靠外部观察，从外部是很难观察到我们每个人行动的整个意义的。你必须要去访谈，要和他深入到生活，才能够把握到他的意义世界，才能理解他为什么要如此行动。所以理解是我们去获得关于研究资料的主要途径。

韦伯认为，理解有两种方式，一种理性的方式，一种非理性的方式，这个我们不多讲了。理解还有两个层次，一个是直观的理解，一个是解释性的理解。所谓直观的理解就是说我们看一眼就知道他在做什么。比如说你看一眼就知道我在拿起一瓶矿泉水，这是直观的理解。但是做到这一步，你并不能解释我为什么这个时候要拿起这瓶矿泉水。然后你问谢老师，你这个时候为什么要拿起矿泉水呀？我可能会提出很多解释，比如我渴了，或者我要用它做教具等。或者我还可以说，其实我刚才在讲课的时候看了一眼外面，有一个我认识的人；这个人曾经是我的仇人，我很警惕，他也许是在找我，准备跟我寻衅闹事的；我这边没什么东西可拿来保卫自己，拿起这瓶款泉水来或许还能够当武器。我这样一解释，你就能对我此时此刻的这一行动做一个解释。这就是解释性的理解。

所以直观的理解就是你只是看到这个人在做什么，解释性的理解就是当你进一步地把握到这个人，他如此行动的时候他自己赋予这个行动之上的那个主观意义，也就是他的行为动机。注意在韦伯这里主观意义等于行为动机。但是其实不一定是，在舒茨、布鲁默那里不是这样解释行动原因的，行为动机不一定等于行为的原因。但是韦伯把主观意义等于行动动机，又把行动动机等同于行动原因。在韦伯那里，你只要掌握到这个人如此行动的动机，他认为你就已经掌握了这个人的行为原因，就可以解释这个人的行为，或作为这个人行动之后果的那些社会现实了。

我们看到，韦伯实际上在他的理论里面提出了这么一个因果分析的原理，就是社会现象产生和变化的原因等于行动者赋予行动之上的主观意义，而在韦伯这里行动者的主观意义就等于行动者的行为动机，只要了解到了他的行为动机就等于了解到了行动者在此时此刻他自己赋予他从事的行动之上的主观意义。而你把握到这个行动者赋予行动之上的那个主观意义，也就是行为动机，就等于把握到了这个人此时此刻从事这项行动的原因，以及作为他行动后果的那些社会现象的原因。因为那些现象就是这个人通过他此时此刻的，或者我们这些人、下午这个论坛是我们这些人通过在自己每个人不同的或者相同的行为动机的驱使下，从事的这些行动的一个组合、一个集合、一个效果、一个结果。

可以说，韦伯的理解社会学是今天在国内外很流行的质性社会学分析的主要思想源泉之一。为什么要做质性分析？为什么不做定量分析呢？为什么认为定量研究就不能把握到社会的真谛呢？原因就在这里。定量研究获取的资料只能够是关于社会现象的外部特征，因而可以精确地、客观地加以测量的东西。而这个东西就不是内在的，不是我们每个人行动内在意义世界里面的东西。尽管我们今天做问卷的时候也会问一些主观的题目，但那些题目及其获取到的信息从理解社会学、诠释社会学的角度来看，太过肤浅了。你在问卷里面列一个问题，问你对某个现象是否满意、你为什么要来这里开会等，我给你写一个回答、一句话，你就信以为真了，那可能是很危险的。有时候我可能讲的是假话，真实的行动动机我觉得不能告诉你。比如，为什么这么热的天，你又不是会长，又不是副会长，平时也不做学术研究，论文也没发表过一篇，为什么跑这来开会，还像模像样坐在这。你回答说我现在想开始学社会学，想明年考博。这也许是真的，也许不是真的。真实原因是什么呢？真实原因是你爱慕的某一个男同学或女同学来了，你连一天都离不开他/她，所以也就跟来了，可能就是这样。但这个真实的行动动机必须通过深入的交往或理解才有可能了解到，而不是简单地通过问卷就能得到。韦伯所开辟的理解社会学，就是我们开展质性研究的一个主要理论依据。

如果我们相信韦伯的这套理论，那我们可以意识到这种诠释性的质化研究有一个很重要的优点，就是它可以揭示社会现象产生变化的真实原因，因此也就可以揭示我们单纯通过数量分析所不能确定的两个变量之间的因果关系。我刚刚举例讲的这个同学，天气预报半个月前就预报了这几天37度，他还要千里迢迢地跑到上海这么热的地方来。为什么？你怎么观察都不一定能观察到真实原因，必须要深入进入到他的意识世界里去，才能够知道他的真实原因。这是理解社会学或诠释社会学研究的一个优点。

但是这样一种诠释性的、质性的研究也有它的局限，就是缺乏精确性和客观性。意识这个东西既不能用定量化的方式来精确表述，也不是客观化而是主观化的，因此也是个案化的。你要花很多时间才能进入到这个人的意义世界里去，了解他的真实行为动机。这很不容易。而且对于同一个人同一项行动的行为动机或主观意义，不同的研究人员去进行理解时也可能会有不同的结果。你跟这个人进行访谈或进行深入观察，可能得到这么一个结果；另外一个人也对他进行访谈或深入观察，却有可能得到有所不同的结果。甚至可能对同一份访谈资料也会有不同的解读结果，因为不同的人对访谈资料内容进行阅读和理解时的侧重点可能不一样，等等。会有很多的原因让我们对同一个人的意义世界或者是同一个访谈结果产生不同的解读或解释，所以它缺乏精确性、缺乏客观性。而且因为它主要是通过个案来进行研究，它也很难用来帮助我们去对事物的一般状况、趋势和相互关系进行分析。这是跟定量研究相比时呈现出来的一个局限。

韦伯其实也是意识到了这一点，所以我们去看韦伯的《经济和社会》这本书，它在第一部分讨论理解社会学的基本范畴、理论和方法时有一段论述就涉及这个问题。在这一部分，他先讨论了社会现实的本质是什么，指出对于社会现象只能用理解的方法去加以把握，并且讨论了理解的途径、理解的层次等问题之后，又提出了这样一个观点，就是对于我们通过他所说的那样一些方式、一些途径所得到的理解结果，要通过一些后续的工作来对它的正确性加以验证。

我们看在自然科学里面，或者在定量研究里面，它的研究程序至少是分两步。第一步是发现变量之间的因果关系，形成一个科学命题。当然这一步里面又可以分成更小的步骤。首先是观察，可以用肉眼直观地加以观察，也可以做统计、做问卷等，这都是观察。

观察到了一些资料以后，再去通过分析把不同的变量区别出来，然后去归纳；统计分析就是一种归纳，大量的数据放在一起进行归纳，归纳它们之间的相互关系，看在我们所得到的这些变量之间哪些变量是与我们要解释的变量有共变关系的，哪些是没有的。如果有，那么我们就进一步试图发现它们之间共变的程度有多大，等等。当我们发现了一些变量与我们要解释的变量之间存在密切的共变关系，因而形成了一个可以用来对因变量的变化加以解释的科学命题之后，我们还要做进一步的工作，就是要去对这个研究结论进行验证。验证的具体方法就是用在其他时间、其他空间里面后续观察到的同类事实去和前面你研究所得到的结果相对照，看你以前归纳得到的命题所演绎出来的事实陈述和后续观察到的结果是不是一致。如果一致，前面的研究结论就得到了进一步的证实。如果不一致，它可能就要被修正，甚至要被抛弃掉。

韦伯说，其实我们用理解的方法去做社会学研究时也是要经过这样一些相同的程序的。我们前面讲你要进入到研究对象的意义世界里面去，得到关于这个人从事某项行动的行为动机，然后用这个人的行为动机去解释这个人在某时某地所从事的那项行动，以及作为它的行为后果的那些社会现象。走到这一步你得到了什么？和前面讲的自然科学家所做的研究一样，也得到了一个类似命题的东西。当然不一定叫命题。在诠释质性研究里面可能不叫自己的研究结论为命题，就是得到一个理解的成果，但其实是相当于自然科学研究里面的一个命题。但是你的这项理解的成果是否正确，到目前为止还是不明确的。因此，韦伯说我们也需要对这项理解成果做进一步的验证。韦伯提出来我们对于在用理解的方法时得到一个理解成果之后，对于这个理解的成果是否可以被接受为真理，我们要对它做一个判断。这个判断要从两方面来做，或者说就是判断一个理解成果是否可以被接受要有两个方面的标准。一个标准叫意义的适当性，另一个叫因果的适当性。

韦伯自己是这么讲的：因为以下的原因，我们对行动者的意义，也就是他的行为动机所做的解释可能会不正确。

第一，行动者可能隐藏了很多他不愿意承认的动机，而那些被隐藏的动机可能是真正的动机。例如我刚刚讲的例子中，那个不做学问却也来开社会学年会的人说我来开会是想明年考社会学专业的博士生。但这有可能是一个假的动机陈述。

第二，那些在观察者看来相同的动机，实际上是出于很多动机的组合。看上去某项行动只是由一个动机促成的，但其实里面可能是由很多很复杂的动机组合起来的，这些动机互相综合形成了一个最后的结果。

第三，是行动者经常会处于相互敌对或者冲突的动机作用之下，但对于这些冲突的动机的相对程度，我们可能不容易通过对这个人的简单观察、谈话或者生活就能理解。比如刚刚讲的例子里面，那个男生想跟女朋友天天在一起，但是另外一边他父亲母亲又跟他说你放假了，我们想到北京来看一看你，而且就这几天来。因为这对父母亲没别的时间，就这几天有时间。这样，这个男生在脑子里可能也有过一个纠葛：到底是在北京接待父母亲，还是跟女朋友到上海来？这可能是一个很复杂的、曲折的动机冲突过程。你简单地通过一个询问，尤其是通过一道什么问卷题，可能很难把握到真实的动机冲突过程。

由于这些原因，我们通过各种理解的途径和方法所获得的对某人某项行为动机所做的理解很可能是不正确的。因此，我们就完全有必要对我们每次理解的结果进行检验。但我们怎么来对理解的结果进行检验呢？按照韦伯的说法，也是要以后续研究的结果来检验之前获得的对某项行动所做的意义或动机诠释，正如在自然科学里面每一个假设和命题都需要通过时间的过程来验证一样，这种验证过程在理解社会学的研究中也是不可或缺的。换句话说，当你通过一些理解的途径和步骤去把握到一个行动者在从事某项行动时的行为动机，然后用这个行为动机去解释这个人的行动以及作为这个人行动之后果的那些社会现象时，你只是完成了第一项工作，即科学发现的工作。但在这之后还需要有第二项工作，即对你的这项科学发现的正确性进行验证。

通过理解的途径和方法得到对某人某项行动的一个解释，这项解释是以行动者从事这项行动时赋予该行动之上的主观意义或行为动机作为行动以及由行动建构出来的那些社会现实产生的原因。这样的一个理解或解释成果，在韦伯看来只是具有了意义的适当性。所谓意义的适当性，就是你通过把握这个行动者赋予行动之上的主观意义，然后你能够用这个主观意义把这个行动者行动过程当中的所有要素联结起来，用这个动机去解释它。例如，为什么我要来这里出席咱们社会学的论坛，为什么要来做这个讲座，我为什么要打扮，我为什么要带着水过来等一系列都可以用我的行为动机来解释。用我的主观意义或者行为动机把我行为当中出现的各个要素联合起来加以解释，这样的话这个解释本身就具有了意义的适当性，因为你把将这些要素联结起来的主观意义或行为动机揭示出来了。而找到了这个主观动机，就能够对我的行动以及行动中的一些环节包括后果之间的关系做一个因果解释。

但是这个理解或解释的正确性，你在你所发现的主观意义和他行动及其结果之间建立起来的因果关系是不是正确的，现在还不知道。因此你还需要根据经验规则来进一步考察你对这个行动各项要素前后序列之间的意义诠释是否始终可以以同样的或重复的方式来进行。如果你通过理解社会学的研究途径发现，这个人来这里开会，其实不是真的因为明年要考博，而是因为他或她有一个女友或男友在这，他或她要跟她/他天天在一起。你得到了这个理解或解释之后，对于这个理解或解释到底对还是不对，心中可能还是没底的。那你就需要做后续的验证研究。如果我们通过一些后续的研究，发现另外一个人也有类似的情况，只不过他是跑到另外一个地方开会，他也跟别人说是因为什么原因，但他背后也是因为有一个相好，他要跟她天天在一起。这样我们就发现了与前面我们发现的行动类似的意义 - 行动模式。我们发现前面那个人的主观意义或行为动机和他行动之间的因果关联模式是可以在对其他人相似行动的诠释性研究中重复被验证的，跟自然科学里面的情况一样。如果是这样，那么我们就可以认为我们通过理解过程对前面例子中那个不做学问的男生来上海出席社会学年会的行为所做的因果解释是正确的。

所以，韦伯说所谓因果解释，就意味着可被计算的、在理想情况下面可以被量化的概率规则（注意他把定量研究的术语还有方法引进来了），一个被观察的特定过程会依序跟随或伴随另一特定过程。也就是说，我们可能在前面的研究中做出了这么一个判断：只要是在恋爱过程当中和他情人黏黏糊糊无法离开的人，他一定会跟着他的情人到处走。然后，如果我们发现这个判断在很多情况下面都能够反复被验证：情人在哪里，他 / 她就到哪里。这样两个现象紧密相连、反复出现。如果我们能够检测到这两个现象之间是这么回事，那我们对那个男孩的解释，就是他来这里开会不是因为要考博而是因为他的女朋友在这，他不能离开女友一天，这个解释就具有相当的正确性。

所以，在社会科学里面正确的因果解释应该具有两方面的特点。第一，它能揭示某一个人或者某一群人的某项行动跟这个人或这些人从事这项行动时赋予行动之上的主观意义或行为动机之间的因果关联。如果能够做这一点，它就具有了意义的适当性。同时，第二，它所揭示的行为动机跟行动过程及其后果之间的那样一类因果联系能够在不同的时间、空间条件下面反反复复地被检测到，两者之间有共变关系：有这么一个动机就必有那么一个行为及其相应的后果。如果是这样，那么我们就说这个意义 - 行动的因果解释模式具有了正确性。

所以对一项具体行动的"正确因果诠释"就意味着不仅行动的外在过程及动机可以被如实地把握，同时对一个典型的行动所做的因果诠释既可以在意义方面适当地解释出来，又可以适当地反复加以确认。

韦伯自己举了一个例子，就是如何来解释"劣币驱逐良币"这一现象。劣币驱逐良币是一个宏观的现象，用统计方法可以发现。对于这个现象，如果我们是用理解社会学的方法去研究的话，怎么研究呢？按照韦伯提供的思路，首先是要把它还原为个体的行为。就像自杀率这种现象一样，劣币驱逐良币这种现象一定也是许许多多相关个人行动的一个结果。那这些相关的个人行动为什么会导致这么一个结果，或者说为什么这些人会从事最后导致了劣币驱逐良币这么一个宏观现象的行为呢？这些人从事这个行为的动机在哪里呢？这就是我们通过理解社会学的途径要去回答的问题。

首先，我们会看到在宏观层面上，通过统计能够发现，只要有良币和劣币两种货币通用的那个地方，我们一定能看到经过一段时间以后，市场上只存在了一种货币，就是那种被大家认为不保值的劣币，而大家觉得有价值的那种良币慢慢会从流通过程当中退出去。这是我们通过观察、通过统计、通过定量方法都可以观察到的现象。只要你进行观察并对观察结果加以统计，就会发现只要有良币、劣币两种货币存在的地方，重复观察 100 次、1000 次，每次都会发现经过一段时间后良币从市面上消失了，市面上流通的基本上是劣币。良劣两种货币并存和良币最终退出市场这两个现象之间有相关性，而且相关系数会很高。

但怎么来对这个现象进行解释呢？如果是简单的定量分析，你没办法解释。你只能说两种货币之间，劣币持续出现的原因是因为良币、劣币的币值不一样。你只能这样解释，没有更多解释。但是从韦伯来看，对于这两种具有高度相关性的现象，如果我们要想判断它们之间是否确实有因果关系的话，就要去探索它们之间的因果联系机制。也就是要将这种宏观社会现实还原到个体行为层次上，因为所有的宏观现象都是由无数个体的行为建构出来的。

我们看一下由良币、劣币两种货币通用的地方，我们要把它还原成使用这两种货币的一些个人的行动，要进入到这些使用两种货币的行动者的意义世界里面去，去了解这些人是如何看待这两种货币，他们又会采用一些什么的策略去使用这两种货币。然后，通过和这些行动者进行一些深入访谈以及共同生活，我们发现，原来这些人是斤斤计较的，他们的工具理性意识很高。他们在从事每项行动的时候，都会精确地计算行为的成本和效益。他们发现如果我要是对这两种货币不加区分、同等加以看待，最后会让我失去很多利益，会比更多地使用劣币驱逐良币的那些人丧失掉很多好处。所以，经过这么一个计算以后，越来越多的人就把这两种货币加以区别使用，更多地在市场上使用劣币去买东西，然后把好的货币尽可能地储存起来不使用，关键时候再使用。所以我们就发现原来这个地方的个体有很强的工具理性化的行为动机，这种理性化的行为动机促使他们储存良币，抛弃劣币。由于每个个体都储存良币，抛弃劣币，最后呈现出来的结果就是在宏观上我们所看到的劣币驱逐良币现象。这是我们通过理解社会学的思路来获得的对劣币驱逐良币这一社会现象所做的解释。

做了这么一个解释之后，按照韦伯的说法，这个解释就具有了意义的适当性。因为你能够把行动者的行动以及行动的后果跟你所了解到的特定行为的动机或主观意义勾连起来，在它们之间建立起一个因果关联，你已经可以用许多行动者的主观意义或行为动机和其行动及其后果之间的联系来对劣币驱逐良币这种宏观现象形成的具体因果机制加以解释了，这种解释就是一种具有了意义的适当性的解释。

但是这种解释是否正确呢？是否可以作为一个普遍性的真理加以接受呢？按照韦伯的意见，你如果只做了一次这样的研究那还不够，你需要通过进一步的研究来对你获得的理解或解释加以检验。你需要去考察另外一些地方的情况。假如你现在这个研究是在北京市做的，那你还需要跑去广东、跑去四川等地方开展进一步的观察。假如在那些地方也有两种货币通用的现象，那你要看看那些地方是不是也有劣币驱逐良币现象的出现。如果有，那么，那些地方的行动者在使用这两种货币时赋予其行动之上的主观意义或行为动机是怎样的，他们是不是也是有很强的工具理性精神。如果你在那个地方做了考察和研究后，发现这个地方的行动者也有很强的工具理性精神，同时发现这个地方也存在着劣币驱逐良币的宏观现象，而这个现象也是由这个地方的行动者纷纷储存良币、抛弃劣币的个体行为聚合而成的。如果是这样的话，那你就是用你这个新的案例验证了前一个案例的分析结果。你就可以说，我们通过理解的方式所得到的这样一个对劣币驱逐良币现象的因果解释具有了更高的可靠性。你后续得到的具有相同结果的研究案例越多，那么你的理解性研究成果被确认为是正确的概率就越高。韦伯明确地用了"概率"这个词。

但是，如果你跑到一个地方去做进一步的研究，发现这里也有良币和劣币两种货币在流通，而且很奇怪，良币和劣币两种货币共同流通的现象维持了几十年，良币一直没有被驱逐。你同样用理解社会学或诠释社会学的路径去研究这个情况，把它还原为众人的个体行为，去深入观察这个地方的人，发现这种与"劣币驱逐良币"不同的情况之所以会出现，是这些个体行动者大都不对良币和劣币加以区别，而对两种货币同等加以使用的结果。可是，他们为什么会这样？为什么他们不竞相储存良币，抛弃劣币呢？为此，你又去做进一步的研究，跟他们进行深入访谈，共同生活等，结果发现这个地方的人其实也很理性，也有很强的工具理性精神，他们也经常会对行动的成本和效应进行精确的计算，但是他们却不竞相抛弃劣币、储存良币，因而在他们这里观察不到劣币驱逐良币的现象。如果你果真发现了这么一个情况，那就说明你前面的研究所得到的理解或解释可能需要修正、补充、深化等，甚至可能要被抛弃掉。

所以，韦伯是用这种方式来解决、克服质性研究所具有主观性、不可靠性问题。你虽然是遵照理解或诠释社会学的方法，通过把握行动者赋予行动之上的主观意义来去对某一种宏观的社会现象进行因果解释，揭示两个高度相关的宏观变量之间的具体因果机制，但是要想判断你这个解释是靠谱还是不靠谱，同样是和实证科学里面或者定量研究里面通行的方法一样，也要用后续的研究成果来进行检验。检验的原理就是看你后续研究的成果跟前面的成果是否一致。如果经常一致，那么你的研究结果可信的概率就会越来越高，如果不一致就可能要推翻掉。

所以，在韦伯看来，对于一项行动的诠释，我们如果不能够最终达到上面两个要求，就是既具有意义的适当性、又具有因果的适当性，那它就是一种不适当的诠释。具体来讲，按照韦伯的表述，一项未能在意义关联方面得到明确阐释的经验规则，无论它描述的过程被经验证实的概率有多高，比如刚才讲的两个货币同时存在跟劣币驱逐良币这两个现象之间，无论你 1000 次、10000 次发现这两个现象是有这么一个前后相接的过程，但是如果你只停留在这么一个层面上面，而不能对它做出具有意义适当性的解释，你得到的永远只是一个不可理解的统计规则而已，而不是一项因果解释。相反如果一项行动在意义关联方面得到了明确阐释，但是这项阐释却始终未能得到经验资料的反复证实，那么这项阐释就不能被认为是正确的。你这个解释可能只是具有意义的适当性，但是不具有因果的适当性，无法判定它的正确性。这两个情况下面，这个理解的成果都是不可以被接受的。一项能够被接受的成果一定要要具有两个适当性，符合两方面的标准。

韦伯说，就劣币驱逐良币这个定律而言，大量的统计资料都表明，它在很多情况下面是可以用相同的行动意义、行为动机去解释的，所以它在很多情况下面都可以用，具有意义适当性和因果适当性。但是也有很多我们用理解的方法所提出来的对行动的阐释，虽然具有意义的适当性，但是得不到经验资料的证明。在这个情况下面这些诠释或者理解的成果的有效性就难以得到确认，甚至始终只能够停留在假设的层次上面，永远得不到确认，只能是当假设来使用。

跟刚才那个劣币驱逐良币的例子很类似，韦伯在《新教伦理与资本主义精神》一书里面所做的研究也是这样的解释。他首先观察到一些宏观的社会现象，发现新教徒在人口中比例比较大的地方，资本主义生产方式发展得就比较快、比较迅速。这是他看到的宏观现象。如果是做定量研究的话，就可以发现新教徒在人口中的比例这个变量的数字越大，资本主义生产方式的发展水平这个变量的数字就越高。你可以用资本投资、商品化等数据来作为资本主义生产方式发展水平的变量。你可以发现新教徒比例的高低和资本投资水平的高低、商品化程度的高低之间有着高度的相关性。

如果你的研究只停留在这个地步，你会得出一个解释说，这个地方资本主义生产方式之所以发展得这么快，是因为这个地方的新教徒比例很大。这也是一个因果表述。新教徒的比例大小是因，资本主义发展的程度是果。这样一个解释可能能够得到统计数据的验证，你可以发现很多地方都是如此，但是它只具有因果的适当性，不具有意义的适当性，因为没有说出为什么。为什么新教徒比例高的地方，资本主义发展得比较快呢？你没有对这两个变量之间的相关关系做出具有意义适当性的解释，就像涂尔干用社会整合程度高作为自杀率高的原因一样，没有按照诠释社会学的途径把具有相关关系的两个变量之间的因果联系机制揭示出来。

所以，韦伯说我们需要按照理解社会学的方法去把上述现象还原到具体的、微观的、个体行为的层面上。通过这种还原过程，我们就会发现资本主义生产方式的发展，是个体行为的结果，如果大家都去按照资本主义的伦理去工作、行动，比如说努力劳动、勤俭节约、追求世俗事业的成功，这个地方的资本主义就会发展得比较快。因此你发现资本主义生产方式原来是许许多多个体行为的聚合。然后你进一步就问，为什么这些人会有这样的行为呢？为什么这些人礼拜六、礼拜天还在工作呢？为什么挣了钱舍不得花，像高老头一样赚了钱放到阁楼里面存起来，晚上点个蜡烛进去把那个钱拿出来听一听、看一看，然后再放回去，又回去睡觉。为什么他们会有这种行为呢？为了理解他们的这种行为方式，你就要去进入到他们的意义世界里面去。然后你发现原来他们是受到新教教义的一些影响。新教教义说每个人的命运是上帝预先确定好，没法改变的，但是上帝喜欢他的选民有更多的事业上的成功；所以假如你能够在这一辈子尽可能地去追求事业上的成功，那么根据你事业上成功的状况能够间接推断你可能是或者可能不是上帝的选民。这就促使很多新教徒拼了命去努力，想看看自己事业上是否会成功，来解决自己心理上的焦虑。

韦伯在他的《新教伦理与资本主义精神》这本书里面就是这么来解释新教徒比例的高低与资本主义经济发展程度之间的因果联系的。在这本书里面他得到了一个可以用来解释新教徒比例和资本主义生产方式的发展之间为什么具有高度相关性的那样一个因果解释。在这个解释中，它像我们前面说明过的那样，是用更低层次的行动者之间的行动或者相互作用去解释由这些行动者的行动聚合而成的那些宏观社会现实的变化，解释两个宏观变量之间的相关性。

但是这个解释到底是对还是不对呢？如果只用欧洲这一个地方的案例没有办法回答这个问题。所以，韦伯才要去进一步研究中国，研究印度，等等。他去研究中国的情况是怎么回事，为什么中国的资本主义不发达呢？他发现原来是因为中国人信仰的佛教、儒教里面没有与新教类似的那些意识，所信仰的伦理精神跟资本主义精神不一样。为什么印度也这样呢？他又去做一些比较研究，企图来检验他在《新教伦理与资本主义精神》里面通过意义诠释所得到结果。当然，他认为后续的那些关于中国的研究、印度的研究都反证了他关于西欧的研究，从而认为《新教伦理与资本主义精神》这本书里面所提出的这个关于西欧资本主义生产方式的因果解释是可信的。

其实，从理解或诠释社会学的角度来看，涂尔干关于自杀现象的研究也应该是这样进行的。涂尔干通过统计分析发现自杀率的高低，跟一个群体社会整合程度的高低有密切的相关，这种密切的相关也许可以通过后续的研究来反复得到验证。但是如果只是停留在这个层面上，然后你就解释说，这个地方的自杀率之所以高是因为这个地方的人的社会整合程度高。这也是一个因果表述。但这样的因果表述非常肤浅，没有把这两个变量之间具有高度共变性或相关性这一现象背后的真正因果机制给揭示出来。如果按照韦伯理解或诠释社会学的思路，就应该是把分析层次降到个体行为上来。实际上涂尔干在他的书里面也是无意识地这么做的。我前面举过例子，他讲为什么新教徒自杀率比天主教徒高呢？是因为在新教徒这里新教的特殊教义使它对新教徒个体的影响力比较低、约束力比较低，新教徒做自杀的决策时受所属群体的影响比较小。换句话说，在新教徒群体里，多数个体为什么想自杀就能自杀了呢？是因为这个群体比较松散，缺乏群体凝聚力和影响力。所以，涂尔干最终还是要用个体的生存意识去解释个体的自杀行为。新教徒的教义使得新教徒的个体意识比较强，也使得新教徒所在团体对个人行为的约束力比较低。所以当一个人对生活失去意义萌生自杀意识的时候，他的自杀意念很快就能变成现实，所以新教徒的自杀率相对而言就会比较高。这也就是说，在研究自杀现象时，你也要先把自杀率这样一个宏观变量还原为个体的行为，把它解释为是个体行为的聚合，然后再去寻找这些人为什么要如此行动的原因，就是要深入到他的意义世界里面去，寻找到他赋予自杀行动之上的主观意义或行为动机，用他的主观意义或行为动机去解释他的自杀行为；然后再用许许多多个体自杀行为的聚合去解释自杀率这个宏观变量的出现或变化。这样一种解释就能够具有意义的适当性。当然它是否具有因果的正确性就还要用后续的个案去检验。后续的个案能够重复这个结果，概率越高，它的可靠性就越高，否则就越低。

所以，我们看到韦伯在他的理解社会学的理论和实践当中给我们提供了一个将实证性的定量研究和诠释性的质性研究相结合的一个思路。这个思路给我们一些启示，就是让我们看到实证性的量化研究和诠释性的质性研究各有自己的长短处，它们的长短处其实是可以互补的，所以应该把它结合起来。韦伯正是尝试从事这么一种结合。我们看到韦伯的理解社会学主张将宏观的社会现象还原为个人行动以及互动，主张通过对个人行动之上的主观意义的把握来理解和解释个人的行动，也就是用个人的主观意义或行为动机作为一个原因，去解释个体的行动以及作为个体行动之后果的那些社会现实。按照这种思路，由于个体行动及作为个体行动之后果的那些社会现象，无论是资本主义的发展也好，还是自杀率的变化也好，都是个体赋予其行动之上的主观意义或行为动机的一个结果。因此，如果我们能够把个体行动者主观意义跟行动者的行动以及行动后果之间的因果联系给揭示出来，那么，它就能够弥补实证性量化分析不能够形成可靠的因果判断的缺陷。然后，我们看到韦伯同时又主张通过大量的后续研究来检验通过诠释性研究所形成的因果解释的正确性，试图以此来弥补单纯诠释性研究客观性较弱、主观性较强这么一个缺陷。虽然，对于韦伯的上述见解我们或许还是可以提出不少疑问，但总体上看，韦伯的这样一些思想，对于我们今天理解和解决定量研究和质性研究之间的关系应该会有一定的启发。

　　这就是我在读韦伯的书时，结合我们当前的相关争论，所得到的一些心得，在这里和大家分享。

主持人： 非常感谢谢老师精彩的演讲！我觉得我们做社会学研究都会遇到方法论方面的问题。谢老师刚才一个多小时的讲座非常精彩地给我们剖析了这样一些问题。我想是非常有意义的。

因为时间的关系，原来是安排了互动，但现在时间不够了。其实今天来的很多老师是教方法的，我想可能有很多人本来要跟谢老师请教交流的。好在我们接下来还有一个茶歇的时间段，我想那个时间可能更自由，大家可以跟谢老师多交流，多请教一些问题。

图书在版编目（CIP）数据

"陆学艺学术讲座"辑录. 二 / 北京工业大学陆学
艺学术思想研究中心编. -- 北京：社会科学文献出版社，
2018.12

ISBN 978-7-5201-0709-9

Ⅰ. ①陆… Ⅱ. ①北… Ⅲ. ①社会科学－文集 Ⅳ.
①C53

中国版本图书馆CIP数据核字（2017）第088103号

"陆学艺学术讲座"辑录（二）

编　　者 / 北京工业大学陆学艺学术思想研究中心

出 版 人 / 谢寿光
项目统筹 / 佟英磊
责任编辑 / 胡　亮

出　　版 / 社会科学文献出版社·社会学出版中心（010）59367159
　　　　　　地址：北京市北三环中路甲29号院华龙大厦　邮编：100029
　　　　　　网址：www.ssap.com.cn
发　　行 / 市场营销中心（010）59367081　59367083
印　　装 / 三河市尚艺印装有限公司

规　　格 / 开　本：787mm×1092mm 1/16
　　　　　　印　张：18.75　字　数：190千字
版　　次 / 2018年12月第1版　2018年12月第1次印刷
书　　号 / ISBN 978-7-5201-0709-9
定　　价 / 89.00元